# Dr.チャック・スペザーノの
# セルフ・セラピー・カード

Self Therapy Cards

Dr. Chuck Spezzano's

Fruity
Result!!

チャック・スペザーノ博士 著
Dr. Chuck Spezzano

大空夢湧子 訳
Yuko Ohzora

Gift to
you!

oh…!

VOICE

# セルフ・セラピー・カード

## 使い方と解釈の仕方

チャック・スペザーノ　著
大空　夢湧子　訳

イラストレーション　アリソン・ジェイ

その愛情と楽しさに感謝をこめて、
息子のクリストファーに捧げる

# 目　次

# はじめに

このカードは、過去25年以上にわたってヨーロッパや北米、アジアの人々とかかわってきた私の仕事の中から生まれてきました。

自分の心と人々の心を深く探っていく仕事にたずさわるうちに、私達にはブロック（障害）がとりのぞかれるにつれて、その道にそって意識と心が自然に前に進むという、自然な成長の道があるらしいということが次第にわかってきました。

そして、意識には自然で霊的な部分があることもわかってきました。そこは、愛と光と恩恵で満ちています。私はこの部分を「ハイアーマインド」（最も偉大で根源的な自己意識）と呼びますが、そのほかにもさまざまな名前で呼ばれています。たとえば「仏性」、「キリスト意識」、「ハイアーセルフ」、「ハイアーパワー」、「聖霊」などです。ハイアーマインドとは、神（神というものは人それぞれ観念によってさまざまですが）や天国に近づく自然の道なのです。

私はハイアーマインドを味わう体験に幾度も出会いました。ハイアーマインドの中にいるときには、時間を超越したミラクル（奇蹟）が起こりうるのです。同時に、私達は意識の最も根源的な部分にもどるために進化し、成長しつつあるようです。私はこれを「太古の未来への旅」と呼んでいます。幻想や、執着、苦しみなどの私達の目をまどわす間違いを手放したときに、この旅が自然に始まるようです。

# このカードの基本的な考え方

神秘的な体験をした人々は、この世は夢や幻だといいます。もしこの世界をしっかり見る眼があったならば、あなたのまわりの世界はあなたの心の内面を映し出している鏡であることに気づくことでしょう。

セルフ・セラピー・カードは、あなたの心の「気づいているところ」はもちろん「気づいていないところ」をも映し出します。そしてこのカードは、あなたが前に進むための手助けをしてくれます。

ものごとの解決の糸口が見えないときや、あなたの心の中に気がつかない原因が隠れているときなど、カードは鏡になって問題の根源を映し出してくれるでしょう。

また人は、苦しんでいるとき、恐怖心にとらわれているとき、何かを手に入れようとしているなどの状況にあるときには、この「現実」という悪夢から覚めることは困難です。そういう状態のときには、このカードに象徴されている光や、愛や幸せを体験するのは難しくなります。

しかし内面的な世界の隠された事実（ヒドゥン・ファクター）に気がつくと、自らの「気づき」を使ってより良い選択をすることができます。しかもそれだけではなく、癒しの原則に従うことで前に進むこともできます。

自分のパワーや自信がたかまるにつれて、自分の人生をもっと幸せな夢に変えていくことができるでしょう。悪夢から目覚めるよりは、幸せな夢から気づくほうが覚醒しやすいはずです。

このカードが、だれかにとって本当の助けになることができたなら——たとえ、たった一人の人であっても——そして、それがもしあなただったならば、このカードを作った意味があったというものです。

あなたの本当の故郷への旅、つまり悟りへの道がやすらかに、かつスピーディーになることをお祈りします。

チャック・スペザーノ
ハワイにて

# このカードの目的

セルフ・セラピー・カードは、自分で「気づく」ためのユニークでパワフルな手段です。導きを得ることも、変容や癒しのために使うこともできるでしょう。

一人でも、パートナーやほかの人達と一緒に使うこともできます。

問題解決のため、変化の時や危機を迎えた時、また愛や幸運や喜びの時など、決断が必要な時に使うことができます。

このカードを使うと、個人の潜在的な可能性をフルに生かせます。

癒しや自己成長、変容は楽しいものだということがこのカードの中心的な考え方です。

涙がもたらすのと同じだけの癒しが、笑いによってももたらされるのです。

その意味では、友人とプレイしながら、隠された面に気づくゲームとしてカードを使うこともできます。

カードのことも、自分自身についても、あまり深刻にならず軽い気持ちでうけとめてみましょう。

ネガティブなことや幻想を解き放すために使ったり、嬉しい発見をする助けに使ってみましょう。

カードを解釈するときには、個人の責任や、個人の選択がキーポイントになります。

あなたとカードとの関係が、長続きしてうまくいく関係になるかどうかは、あなた次第です。
カードに自分のパワーを預けてしまい、頼りすぎて自分で行動する責任をどこかに捨てないでください。それよりも成長や、目標の達成、決断、癒しのために力を貸し、力づけてくれる道具として使ってみましょう。

カードがあなたの身のまわりの人々のように、愛したり援助してくれることは絶対にありません。ですが、やがてカードは昔からの友人や、尊敬する師のような存在になるでしょう。
そのときにカードは個人の変容のための真実の道具になるのです。カードはシンプルかつ率直に、あなたがとらわれていることから抜け出せるように導き、援助し、その障害を乗り越える助けになってくれます。また、カードはあなたの「気づき」を高めてくれ、人生が前に進んでいくのを助けてくれるでしょう。

このカードは、人生の変容を効果的な方向にさし示してくれます。自己成長と霊的な成長の道を援助してくれるものですが、カードはあくまでも道具ですので、それだけにとらわれすぎないようにしましょう。
そこでカードを使いはじめて一定の期間が経過したら（1週間とか1カ月）、2、3日は間をあけて使わないようにしてみましょう。カードを使わない間、自分自身の気づきだけで一日を観察してみましょう。そして、あなたが学んだ癒しの原則や、役に立つ原則を応用できる機会やチャレンジをさがしてみましょう。

このカードは自分自身の助けになります。あなたのハイアーマインドもカードを解釈し理解するのを手伝ってくれるでしょう。

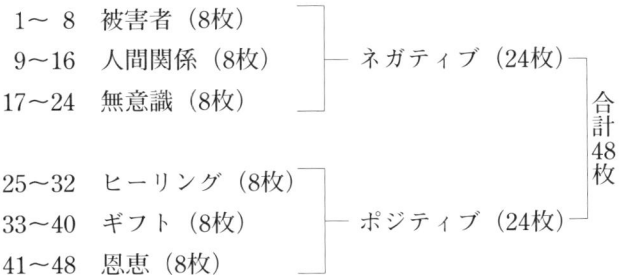

# カードの種類

このカードは6組に分かれています。それぞれが異なった側面にフォーカスし、全体では大きく二つのセットに分けることができます。

| | | | |
|---|---|---|---|
| 1〜 8 | 被害者（8枚） | ネガティブ（24枚） | 合計48枚 |
| 9〜16 | 人間関係（8枚） | | |
| 17〜24 | 無意識（8枚） | | |
| 25〜32 | ヒーリング（8枚） | ポジティブ（24枚） | |
| 33〜40 | ギフト（8枚） | | |
| 41〜48 | 恩恵（8枚） | | |

最初のセットは『被害者』『人間関係』『無意識』の3組で、ネガティブな面の“罠”がテーマのカードです。もう一方のセットは『ヒーリング』『ギフト』『恩恵』の3組で、ポジティブな面をテーマとした“ヒーリング”のカードです。

このカードを良く理解し、個人の変容のためのインスピレーションを与えてくれる道具として興味と自信をもって使うために、カードを本格的に使いはじめる前に、慣れるための時間をもちましょう。

１週間でも１カ月でも、あなたがカードと慣れ親しむ時間を作りましょう。慣れるにしたがって、カードの伝えていることが理解しやすくなるでしょう。マインドを開いて直観に耳をかたむけましょう。そのためには瞑想が役立つという人もいます。

カードによるリーディング（解釈）は、石に刻まれたもののように変化しないものではないことを覚えておいてください。カードはある特定の時間の物事の状態を説明しているだけです。人生のさまざまな状況には変容と癒しがかかわっていますが、このカードは何を癒し変容する必要があるのかを教えてくれます。あらゆる癒し、ギフト、恩恵を人生に招き入れ、味わい、さらに探究できることをカードが見せてくれます。

# 罠を変容させる――ミラクルを選択する

このカードの価値のひとつは、あなたを罠におとしいれ、邪魔している問題や妨害に対する見方を変容させてくれることです。ネガティブなカードを選んでも、ポジティブな解決を選択することができるのです。リーディングで罠のカードが出てきても、癒しやギフトや恩恵のカードを引いて解決法を探せます。自分で罠にとどまることを選択しない限り、罠から出られなくなることなどありえないのです。

あなたには物事をより良い方向に変えていく力があり、真実を選ぶ力があることをこのカードが思い出させてくれます。自分を元気づけるためにも、このカードを使ってください。マインド（意識）を変えればあなたの世界が変わります。あらゆる罠の根底には、私達の気をそらさせて遅らせようとするエゴの企みがあります。自分のパワーを怖れず、成功を怖れないなら、私達には人生を変容させる力があるのです。

ひとつひとつのカードから真実がほしいなら、カードが真実であることをあなたが意図し選択しなければなりません。そしてブレークスルー（突破する体験）やミラクルを心から願うことです。このカードは、世界各地で何万人もの人々に使われています。最初は十分に理解できないかもしれませんが、あなたにもこのカードが指し示すことはきっとあてはまるはずです。
　このカードの素晴しさであり、ヴィジョン心理学の中心的な原則の素晴しい点は、たとえどのような問題や状況であっても、必ずそこから抜け出す道が用意されていることです。それも早く。どんな問題や困難さを解消するにも、癒しやギフトや恩恵のカードを引いて、次のように宣言するだけでよいのです。

「私は問題よりもこれを選びます」

　そしてその選択をし続けましょう。このカードがなくても発見できる人もいますが、中にはこのカードを利用してはじめて、問題の下に隠れているギフトや恩恵に気づくことができる人もいます。このテクニックを使うことで、最も深刻な障害が完全に、しかも早く解消することがあります。癒しやギフトや恩恵の方に意識を集中すると、問題は消えていくものです。

　たとえば、あなたが「被害者のカード群」の中から『罪悪感』を引いたとしましょう。そして「ヒーリングとギフトと恩恵のカード群」の中から『真実の愛』を選んだとします。このケースが指し示すのは、今日のあなたに『真実の愛』が与えられているにもかかわらず、それを『罪悪感』が妨害しているということなのです。もしあなたが自分を攻撃していたり、引きこもっていたり、人を攻撃していたり、何らかの犠牲を払っていたとすると、『真実の愛』というギフトが与えられていても見逃してしまうでしょう。すでに知っている人との人間関係の中に『真実の愛』が現われるのかもしれませんし、独身の人には今日、新しい出会いのチャンスが与えられているのかもしれません。それとも自分自身への『真実の愛』なのかもしれません。『真実の愛』は、すべての愛情関係や成功や豊かさの土台になるものです。

ギフトは、あなたが特に何もしなくても与えられるものです。問題や罠は、自分で自信がもてないギフトを受けとらないようにするために存在しているのです。今日からは『罪悪感』ではなくギフトの方を選択することができます。その自信がもてなかったとしても、ギフトと一緒に自信はやってきます。今日はギフトのきざしが現われるのを注意して見ていましょう。そしてわくわくと楽しみに待ちながら、気軽に心を開いて受け取りましょう。自分で自分を罰することを仕組んでいるよりも、その方がずっと良い選択です。

問題よりもギフトを選んだ方が効果的です。あなたの気分が変わるし、状況もまた変化します。だからこそこのカードは問題や課題（という幻想）に光を当てるだけでなく、真実の現実としての癒しや問題の解決法を指し示しているのです。

## 大切な注意事項

意識の奥に隠れているものを表に引き出してくれる道具は、今まで否定していたり、隠していたり、理屈をつけて抑えこんでいた部分をあからさまにするかもしれないので注意しましょう。

つまり『罪悪感』や悲しみや怖れや傷心が表面に浮上してくるかもしれないのです。そういうネガティブな感情は、問題の存在を教えてくれるために存在しています。大切なことは、問題は変容させることができるということです。問題とは、あなたがミスをしたことを示しているだけなのです。そして何よりも、ミスは訂正することができるのです。

感情には正しいも間違っているもありません。感情を感じていくには、まずその存在を認めて、そこから抜けることが重要です。どんなつらい感情でも、それが究極の真実ではないことを忘れないでください。それは単に今のあなたが体験していることにすぎません。やがては平和で自信があり、人とふれあう意識に戻ることができるのです。

あなたがある感情から抜け出せなくなったり、感情に圧倒された時には、選択の力を使いましょう。次のような言葉を繰り返すとよいかもしれません。

「私はこれを経験するよりも、真実を経験することができるはずです。このかわりに、自由を感じることもできるはずです。私は今真実と自由を選択します」

　または、

「この…………（あなたの感じている感情の名前）は、私が欲しいものではありません。私は平和が欲しいのです」

　誠実さをもってこの言葉を言うたびに、ネガティブな感情のひとつの層が解消するでしょう。

　ただしひとつだけ気をつけたいことは、ネガティブな感情の層が解消するにつれて癒しのプロセスがさらに深まり、かえって前よりもひどい感情が出てくるかもしれないということです。たとえば自分が怒りを感じているのに気づいたら、「怒りとは『罪悪感』、悲しみ、傷、怖れなどのさらに深い感情を隠すための防衛的な感情だ」と忘れずにいましょう。自分の経験しているプロセスをただ信頼しましょう。最終的にまたポジティブで平和な気持に戻るまで、簡単なこの癒しの方法を使い続けましょう。

# カードの使い方

その時々によって、このカードを全部使うのがふさわしい場合と、カードを部分的に組み合わせて引くのに適した場合があります。

＊カードは二つの組み合わせに分けることができます。

① ネガティブなカードの組み合わせ。被害者、人間関係、無意識の組。

② ポジティブなカードの組み合わせ。ヒーリング、ギフト、恩恵の組。

＊他にも３組のカードに分けて引くこともできます。

① 被害者、人間関係、無意識の組。

② ヒーリングの組。

③ ギフトと恩恵の組。

**重要：**カードを引く時には、毎回必ず切って絵が描いてある面を下にすること。そして必ず目を閉じて、それぞれの組を表わすカードの裏の色に影響されずに引くこと。

# 一枚のカードのリーディング

はじめてリーディングをする時には、あなたの意識をオープンにしておきましょう。現在あなたが置かれた状況について考え、直観を信頼しましょう。練習を重ねてカードに慣れると、カードが語りかけていることを理解しやすくなるでしょう。リーディングの時間の長さは特に決まっていません。必要だと思われる時間をかけてください。このカードをもっと良く知るために、次のうちのどちらかまたは両方を練習してみましょう。

I　ヒーリング（緑）、ギフト（ピンク）、恩恵（白）のカードだけを抜き出し、ポジティブなカードの組み合わせを作りましょう。カードをよく切ってから一枚引き（目をつぶって引くことを忘れずに）、そのカードについての説明を読み、研究しましょう。そして今日一日のあなたの生活で、カードが表わす原則とぴったり合っているところに気をつけてみましょう。もしすばらしい一日をすごしているならば、そのカードの原則がさらに良い日にしてくれるのに気づきましょう。チャレンジの多い順調ではない日ならば、意識の焦点を定め、平和になるためにこのカードを利用しましょう。原則の方に意識を集中すると、あなたが今直面している問題や課題が癒しやギフトや恩恵のカードによって、消えてなくなるでしょう。癒しやギフトや恩恵の原則のひとつに慣れたならば、それぞれの組からカードを引いて三つの原則が相互に関連しあってあなたの一日に影響していることに気づくでしょう。

〈例〉

たとえば恩恵のカード群の『喜び』を引いたとしましょう。そのカードの説明を見て、カードのもつ性質が今日のあなたの経験にどのように反映しているのかを見るのです。美しさや成功に出会って『喜び』を感じるかもしれないし、内面から『喜び』の感覚が湧きあがってくるかもしれません。今日は『喜び』があなたの真実の感情になるように、そして微笑みや笑いや心の軽さを人にも伝えるようにしましょう。

Ⅱ　被害者（黒）、人間関係（オレンジ）、無意識（青）のネガティブな組み合わせのカードから一枚引いてみましょう。このカードは、あなたが今学ぼうとし、癒し、解消しようとしているチャレンジ（挑戦、課題）として見ることができます。そしてその次に、癒し（緑）、ギフト（ピンク）と恩恵（白）のポジティブなカードの組み合わせから一枚引きましょう。このカードをネガティブなカードに対する答や解決法として見てみましょう。時間がたって慣れてきたら、ネガティブな組（罠や課題）から２枚づつ、そしてポジティブな組（癒し）からも２枚づつ引くように増やしてもよいでしょう。

〈例〉

たとえば人間関係のカード群『犠牲』のカードを引いたとしましょう。これはつまりあなたが『無価値感』や『罪悪感』や補償行為、親密感への怖れや、受け取ることの怖れから『犠牲』を払っているということを表しています。

もしくは自分から選択して与えるという本来の与え方をするよりも、「そうするべきだから」という考えに縛られているということです。あなたは『犠牲』を払うパターンにとらわれているのかもしれないし、何か具体的な出来事のせいで縛られているのかもしれません。

次に恩恵のカード群から『清らかさ』を引いたとしましょう。『清らかさ』のメッセージは、無価値感や『罪悪感』、何かを奪うために与えることや、役割や義務などの幻想を転換して、あなたの真実の価値、本当の値うちと『清らかさ』に変えられるということです。『清らかさ』によってゆとりや、あらゆる良いものがあなたのもとにやってきます。なぜならばあなたはそれに値する人だからです。

あなたに『清らかさ』があると、人を見ても『清らかさ』しか見えません。そこで他の人達も、責めから解放されて自由になります。ミスを訂正し、学ぶべき教訓を学び、一歩前進して人生が与えてくれるあらゆる良いことに足を踏み入れることができます。なぜならばその人達には罪がなく、そういう良い状態に進むに値する人達だからです。

あなたの本来の姿として『清らかさ』が恩恵とともに与えられていることを認め、そこに注意を払い、それを受け取りましょう。『清らかさ』があれば、癒すことのできない重荷や問題などはありません。あなたの『清らかさ』は、「あらゆる良いことを受け入れるのが真実である」と宣言しています。自分の中にも人の中にも『清らかさ』を見て、聞いて、感じてみましょう。

さらに高度なリーディングのテクニックについては、181ページ以降を参照してください。

パート I

# カード

# 被害者のカード群

No. 1〜8

〔黒〕

　自分がまるで人生の被害者であるように感じることで、望むものが得られなかったり、無力感や強迫観念などにさいなまれることがあります。

　それは成功するのを阻む最も基本的な障害です。このカードは、こうした被害者意識をあらわしています。被害者の罠は、たいていの場合人間関係の罠とパターンによって決まります。

# 1

## FEAR
## 怖れ

**このカードの意味：**未来に対する防衛から起こる分離感、葛藤、喪失や攻撃の想念。

ほとんどの人は、『怖れ』は外側からやってきて自分を脅かすものだと考えています。ところが、実は『怖れ』は自分の心の内面からやってくるのです。

『怖れ』とは、内面的な葛藤があり、心が別々のふたつのものを望んでいることを示しています。欲しいもののひとつに向かって進んでいくと、必ず何かを失う『怖れ』が生じます。過去の中に生きていて、まだ起きてもいない将来に対処しようと計画したり、防衛したりする結果として『怖れ』が出てきます。過去の否定的な出来事につい、いつまでも嫌悪感を抱いていると、その『怖れ』が未来に対して投影されます。つまりまた同じ様なことが自分に起きるのではないかという『怖れ』を感じるのです。

あらゆる問題や、すべてのネガティブな感情は、『怖れ』から生じると言えます。どんな問題が生まれるときにも、そこには『怖れ』があるのです。批判や恨み、攻撃的な想念によって「世界は物騒で不愉快だ」と感じると『怖れ』

が出てきます。
『怖れ』とは自分の心から生まれるものです。
自分を人や状況や物から引き離し、守ろうとする結果として『怖れ』が生じます。恐怖心を感じるのは、そのことに気づいていないからなのです。
実際は内面にある分離感が、恐ろしい状況を引き起こす原因となっています。人とつながり、ばらばらなものをひとつに統合し、愛をもってその状況にのぞむと『怖れ』は徐々に解消していきます。自信をもって前に進めば過去へのわだかまりは消え去るのです。

## このカードが出たら

このカードを引いた人は、責任を持つことを求められています。
ですから、その状況について考えを変えてみましょう。
そしてヒーリングにつながるポジティブな考え方や、感じ方をはじめてみましょう。『怖れ』を癒してくれるものはたくさんあります。
ネガティブな感情が解消され、ポジティブな愛の感情に変わるまで感情を感じ続けると選択すること、人とつながること、意欲を持つこと、信頼して任せることなど。あなたが意識を変えて、今とは違う反応をすれば、今直面している状況や世界をも変えることができるのです。

# 2

## REVENGE
## 復讐

**このカードの意味**：自分自身が“悪である”と思い込んでいることから人を攻撃すること。自分を被害者にすることで『復讐』をとげることが多い。

『復讐』心は心の最も奥深くに隠れている力であり、原動力のひとつです。

一見被害者のような状況に見えても、ひょっとすると人生の大切な人に仕返しをしているのかもしれません。

病気や事故、対立など、どんな種類の問題であっても、それは他の人への重要なコミュニケーションであると同時に、攻撃になっているかもしれないのです。

潜在意識の基本的なメッセージは「私がこんな目にあったのは、あなたのせいだ。あなたがもっと私を愛してくれたら、もっと大切に扱ってくれたら、助けてくれたら、私をあんなにひどく扱わなかったら、こんなことは起きなかったはず」というものです。

被害者の立場の本質は「こうすることであなたが傷つくなら、あえて自分を傷つけよう」です。このダイナミックスはあまりにも心の奥深く、隠れています。したがってほとんどの人は自分の中に『復讐』心を発見したときに気まずさを感じます。

## このカードが出たら

このカードをひいた人は、誰かを傷つけることで自分の苦痛を終わらせようとしています（あまりうまくはいきませんが）。

または他の人に『復讐』するために自分自身を傷つけてしまい、自らが苦しんでいるかもしれません。

あなたの潜在意識的な動機を見つめて「この状況によって、私はいったいだれに仕返しをしようとしているのだろう」と自問してください。

答えはすでにあなたの心の中にあります。答えを頭の中に浮かべてみましょう。

何が起きているのかに気がついただけで、もうすでに半分は完了したようなものです。

ただし多くの人が言うように「これは自分自身に『復讐』しているのだ」ということは、このパワフルな問題の本質を避けていることに他なりません。

もちろん、いつでも自分自身を傷つけてはいるのでしょうが、それはだれかに復讐するためにしているのです。

『復讐』から解放されるためには、苦しみとそれにともなう批判的な気持を手放さねばなりません。許すことと手放すことの両方が、あなたが前に進む力になってくれるのです。

新たなレベルで心を開けば、いつも欲しいと思っていたものを受け取ることができるでしょう。

『復讐』を乗り越えたかどうかを見分ける方法は、まだ苦しみを感じているかどうかを調べてみることです。

『復讐』とは「両刃《もろは》の剣《つるぎ》」であり、外のものだけでなく自分の内面をも傷つけるのです。諺にあるように「人を呪わば穴ふたつ」なのです。

『復讐』してもうまくはいきません。あなたの人生が止まってしまうからです。

今日は心の中に隠れたダイナミックスを受け入れましょう。それがあなたの状況で本当に起きていることなのですから。

許し、手放しましょう。そうすることで、あなたは癒されていきます。

# 3

## GUILT
## 罪悪感

**このカードの意味：**自己攻撃、引きこもり、無価値感。次のステップに進む怖れから、過去に生きてしまう。

『罪悪感』は怖れと切っても切れないネガティブな感情です。怖れは将来に関するものですが、『罪悪感』は過去についての「未完了」な感情、または嫌悪感です。

『罪悪感』があるときはいつも、何らかのかたちで自分に罰を与えようとします。『罪悪感』はさまざまな問題や被害者的な状況を起こす根本的な原因のひとつです。

『罪悪感』が存在する目的は、前に進んで新たな一歩を踏み出さなくてもよいように「自分を守る」ことです。そして『罪悪感』の方に注意を向ければ向けるほど、その存在をいっこう強めてしまうものなのです。

私達は『罪悪感』を使って自分をコントロールし、自分の果たした役割を過大に誇張します。そしてまた、人を責める時は、『罪悪感』を使って相手を支配しようとするのです。

人に対して攻撃的になるか、または自分の内面に引きこもり犠牲的な行為をしたり、自分を無価値であると感じたり、低く自己を評価して自分自身を攻撃するかのどちらかです。

『罪悪感』があると嫌な気持ちがするものです。そのためにいっそう悪い行動をとる場合と、または嫌な気持ちを補うためにとても「良い行動」をとったりもします。

ところがこのような、いわゆる「良い行動」は何の報酬ももたらしません。なぜならばこの「良い行動」はあなたが良い人間だと「証明」するためのものでしかなく、本当は自分には罪があることを知っているからです。

『罪悪感』は、まちがいを正す余地を与えません。訂正するよりは罰せられるべきだというのが、『罪悪感』のメッセージだからです。

『罪悪感』は自分を攻撃する術として、最も自己破壊的な概念のひとつです。

『罪悪感』があると人生そのものや、人間関係からも身を引きたくなります。そしてそのように引きこもっていると成功することはできないのです。

## このカードが出たら

このカードをひいた人は、何に対して嫌悪感を抱いているのかを見直す必要があります。

『罪悪感』のせいで自分自身を攻撃したり、罰してはいないでしょうか。あるいは他の人を使って、あなたを攻撃させたり、罰しているのかもしれません。

何に関する『罪悪感』なのかがはっきりしない場合は、はっきりと現われてくるまでじっと考えるか、誰との間にどんな出来事があって『罪悪感』を持つようになったのか推量してみましょう。

あなたに必要なのは間違いを訂正することであって、自分に罰を与えたり、『罪悪感』の堂々巡りをして抜け出さないでいることではありません。

自分自身を罰すれば罰するほど、気分は悪くなるはずです。そして気分が悪くなるにつれて、ますます自分の『罪悪感』を確信することになり、さらにもっと自分に罰を与えてしまうでしょう。この堂々巡りの中にはまっている限りは、その問題を理解したり、癒したり、許すことは絶対にできません。

自分を非難しているときには、どうしても他人も裁かざるを得ません。自分自身を自由に解放することによって、あなたのまわりの人々をも解放することになるのです。

今日このカードを引いた人は、あなたが世界に与えることのできる最高の贈り物、「本当のあなた自身」を与えてみてください。

あなたがこだわり続けている『罪悪感』から、必要なレッスンを受け取ってください。必ずしもあなたが悪いわけではないことを認識し、一歩前に進みましょう。

# 4

## JUDGEMENT
## 裁き

**このカードの意味：**自分への非難が他者に対して投影されたもので、罪悪感がひそみ、問題を否定している。かかわりを持とうとせず、優位にたって行動すること。

『裁き』とは、自分が問題だとみなす人や物から距離をおき、かかわりを持たないようにし、それらより自分を一段高い位置に引き上げることです。

ところが、裁いている人は気づいていませんが、その下には抑圧され抑制された罪悪感が隠れています。

それが人を批判する原因です。

心の奥深くで感じる罪悪感を他の人に投影することで、自分が批判し裁いていることがらについて、あたかも、自分には関係のないことであるかのようなふりをします。

裁いていることとはなるべくかかわらないようにし、自分はそれとは違うとか、自分の方が優れていて、常に正しいと思い込もうとします。

ところが本当に無垢で罪のない人は何も裁いたりしないものです。

たとえば、あなたはボーイフレンドが欲しいと言いながら、男性に対して何らかの『裁き』をしていませんか。

この『裁き』がある限り、到底あなたにはボーイフレンドはできないでしょう。

批判すると困るのは、その問題から抜け出せなくなってしまうことです。

現在せっかく手に入っているものを拒否していることになるので、現状が変容したり改善する余地がないのです。しかも、抵抗すれば、かえって問題は長くこじれるものです。

それはちょうどゴリラの物語のようです。「あるゴリラが、あなたに恋をしてしまい、あなたを追いかけてきます。あなたは部屋の中へ逃げ込み、ドアに鍵をかけようとしたとたん、大きな毛むくじゃらな手があなたの肩の上にのってくるのです」。

批判するということは問題と一緒の部屋に自分を閉じ込めてしまうようなものです。そうしている限り、許しや受容による「変容」はもたらされないのです。

## このカードが出たら

『裁き』のカードを引いた人は、本来ならば自分が悪かったと罪悪感を感じることを、人を非難することで身動きがとれなくなっているのです。

しかしそのとき、責めているのは自分の過去であって、実は彼等の過去ではありません。
彼等を責めている内容は真実ではなく、幻想と誤解なのですから。
また、自分に罪悪感があることを隠すための行動をしていることに気がつくかもしれません。たとえばひどく罪悪感を感じている人は、時にそれを補うためにとても「いい人」のふりをします。これは罪悪感の埋め合わせをすることで、自分が本当は「いい人」だという「証明」をしようとしているのです。
ところが、罪悪感を補うために「いい人」になっても、賞賛は「いい人」という役割に与えられるだけで、あなた自身はちっとも報われません。自分は悪くはないと証明することにすべての努力が支払われてしまうのです。
あなたがどんな『裁き』をしているのかを見てましょう。それは、今日のあなたの中核にある問題だからです。
自分自身や、他人や、ある状況について、「批判」や『裁き』をしているならば、自分がどんな『裁き』をしているのかを見つめ直す時間をもちましょう。
そして今とは別の見方をしてみましょう。自分が何に抵抗しているのかに気づきましょう。抵抗する気持ちの下に問題が隠れているからです。
「自分自身が自由になるために、この状況を手放して、真実を見よう」と新しい方法を選択をすることができます。
自由になりたいのなら、許すこと、または『裁き』を手放すことです。

つまりあなたの持っているすべての『裁き』や攻撃を、『ハイアーマインド』にあけわたすことです。ただし、そうしたからといってすべてがあなたの望み通りに行くとは限りません。ただ本来そこにあるべき真実がもたらされ、あなたは自由になることでしょう。

このカードを受け取ったなら、裁くことをやめましょう。人を許せば、自分にも罪がないことを認めることができます。また、自分自身を許せば、人が悪いのではないということも見えてきます。『裁き』を手放すと再び人生を前向きに生きることができるようになります。

そして悪名高いゴリラと一緒に閉じ込められていた部屋からも脱出できるでしょう。

# 5

## EXPECTATIONS
## 期待

**このカードの意味：**自分の満たされていない欲求が満たされるべきだと要求すること。不満足、不十分だという感覚。

『期待』とは、物事がこうあるべきだと思い描くイメージです。
『期待』を持っていると、その『期待』以外のことではどれも満足できず失望してしまいます。
　しかし、たとえ思い描いたイメージ通りの結果になったとしても、心の中にある欲求は満たされません。
　ひとつのことが期待通りになっても、すぐにそれよりひとつ上の状態を『期待』してしまいますから、満足感は永久に得られないのです。
　これではわざわざ欲求不満になろうとしているようなものです。
　あらゆる『期待』や要求の影には、過去の人生の重要な時期に満たされなかった欲求が潜んでいます。なんとかその欲求の埋め合わせをしようとして、さらなる『期待』を持つのです。ところがたとえ期待通りの結果が今ここで得られたとしても、過去の欲求が満たされたというわけではありません。

また、人から何かを要求された時には、要求されたことが嫌で実行することを拒むか、犠牲意識や義務感からいやいや実行してしまうでしょう。

人に要求することであなたの望みをかなえたとしても、相手とは心が通い合いません。そこには与え、そして受け取るという気持ちの良さがありません。

『期待』しているときには、「するべきだ」「せねばならない」「するのが当然だ」「そうなるはずだ」「する必要がある」などの言葉を使っているはずです。やがてそれが完璧主義になり、完璧でないものはすべて失敗だと判断するようになります。これは自分が達成したことを否定しようとするエゴの罠です。エゴは「自分は十分ではない」「何をしてもうまくできない」と感じさせて、怖れと自分のいたらなさをさらに強く感じさせます。

## このカードが出たら

『期待』することはストレスを引き起こす最大の原因のひとつです。そこであなたが『期待』のカードをひいたなら、自分に『期待』をかけるよりも、目標を設定する必要があります。目標はたとえ外ずすことがあったとしても、修正して新たな目標を設定することができます。

ところが、『期待』がはずれると、自分をとてもひどく責めてしまい、自分にさらに高い『期待』をかけてしまうものです。

このカードをひいた時に見て欲しいのは、あなたがどれだけ自分に『期待』しているかであり、ひいては周囲の人々にどれくらい『期待』をかけているかです。

人に何かを『期待』する時は、あなたの方からは何も与えません。

たとえば、恋人がもっとあなたを愛してくれることを『期待』している時、あなたは自分自身や恋人をあまり愛してはいないのです。

あなたが本当に愛しているならば、相手に要求したり『期待』したりするよりも、ただ純粋に相手から愛されることを願い、相手の愛を素直に受け入れるでしょう。そのほうが自然でうまくいきます。

あなたは周囲の現実をありのままに受け入れ、頭の中の空想を手放す必要があります。

空想するとあなたの意識はどこか遠くに行ってしまいます。そして自分と周囲の人々との間に距離ができてしまうのです。

人とつながり、心をひとつに合わせることによって、相手とふれあい、成功し、満足と愛が生まれるのです。

# 6

## BELIEF
## 観念

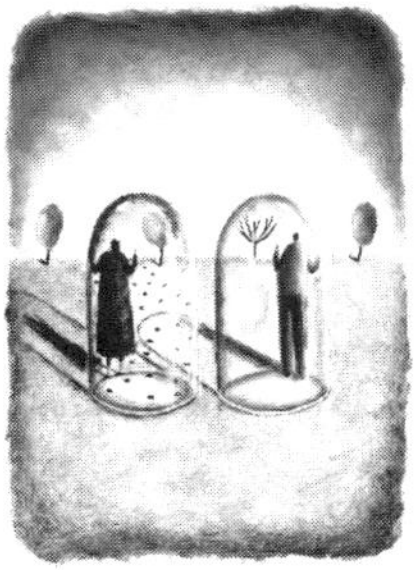

**このカードの意味**：過去からの固定した考え方であり、自分の世界を形作り、行動に影響を与えるもの。

『観念』とは、凝り固まって柔軟性を失い停止している思考のことです。『観念』によって、私達が何を見るか、どんなふるまいをするかが決まります。

世界をどう見るか、見方を決めているのが『観念』です。

自分で意識している『観念』もあれば、潜在意識下の『観念』もあります。いずれにしても私達に影響を及ぼしていることに変わりはありません。身のまわりに起きる事はすべて、それが起こりうると信じる『観念』があるから起きるのです。それが起こりうると信じる『観念』がなければ、何も起こりません。

肯定的な状況からも、否定的な状況や、トラウマ（精神的外傷）からも『観念』は生まれます。私達はある出来事が起きた、その結果として、ごく一般的な決断をします。そして時が経つにつれて、そういう考え、決断は自然に強化され、『観念』が作られるのです。

たとえば自分は親や愛する人から拒絶されたという「解

釈」や「判断」を経験すると、「自分は人から拒絶される人間だ」という『観念』ができます。そのせいで、家族や友人や上司や恋人から拒絶されるのではないかという怖れを持ったり、さまざまな形でそのことが行動として現われるでしょう。

＊この『観念』を埋め合わせようとして、頑張りすぎてしまうことがありますが、それはかえってあなたの魅力を失わせることにもなり、その結果拒絶されることになるかもしれません。
＊クールで冷静沈着で、自分は拒絶されることなど全く気にしていないようなふりをするかもしれません。これもまた、人を遠ざけて距離を作ってしまいます。
＊どうせうまくいくはずがないと思って、初めからなんの努力もしないと、まだなにも試していなくても、拒絶されたという感じはさらに強くなることでしょう。

## このカードが出たら

このカードをひいた人は、古い『観念』から自由になるために、新しい選択をすることが求められています。
ネガティブな『観念』を手放して、ポジティブな『観念』を選択するたびに、新しいレベルでのポジティブな解放感と成功が訪れることでしょう。
「愛」「人間関係」「健康」「お金」「男と女」などの分野で、

私達の持っている『観念』の数は何千個にものぼるかもしれません。

＊もし自分の持っている『観念』に気がついているなら、自分自身にこう言うだけでいいのです。
「私はもうこの『観念』はいりません。私が今選ぶのは…………です。」
＊もし潜在意識下の『観念』ならば、質問してみましょう。
「こういう状況になるということは、私は自分についてどんな『観念』を持っているのでしょう」「私が人生について持っている『観念』は…………？」「愛情や人間関係に関しては、どんな『観念』を持っているの？」「男とはこんなものという『観念』があるの？」「女とはこんなものという『観念』があるの？」
＊あなたに「しなければいけない」という『観念』があると、それがポジティブなことであっても、「しなければならない」ということが期待感になり、自分に要求してしまいます。そうなるとあなたにとっては犠牲的行為をすることになったり、また反対に自分に要求しすぎるあまり、その行為をするのを拒否してしまうかもしれません。

この世は『観念』の世界であり、私達は成長してより高次の『観念』を持ちます。やがて『観念』や想念などをすべて超越し、地上にいながら天国にいるような体験をするようになるのです。

# 7

## HIDDEN SELF
## 隠れた自己

**このカードの意味**：潜在意識下の人格（ペルソナ）。表面意識とは別の目標を持つことが多い。

私達の心の中には何百もの人格（ペルソナ）があります。それぞれが独自の目標と独自の思考体系と論理を持っています。そして、それぞれが別々の方向に向かって幸福を求めているのです。『隠れた自己』とは潜在意識の一部であり、表面意識が目指している方向とはまったく違う方向に向かっています。『隠れた自己』はある部分で全体を助けようとするのですが、ほとんどの場合そのやり方が効果的ではなかったり、破壊的なことが多いのです。

### このカードが出たら

このカードを引いた人は、心の中に『隠れた自己』を見つけだすことが重要です。『隠れた自己』の目的を見つけて、それがあなたにとって効果的になれるよう、手を貸してあげることが必要です。

このカードを受け取ったということは、表面意識で理解していることとは全く違う部分を心の中に見つけだし、その部分と全体とをひとつに統合する必要があるということなのです。

心の中に隠れている３才児が、とても手に負えない大きな目的や任務をかかえ、達成できないでいるというのもよくある話です。

また、家族ぐるみ何代にもわたって伝わってきた人格もあるでしょう。

※参照：カード17の「先祖代々伝わる問題」

『隠れた自己』を見つけるためには、あなたの表面意識が休憩していると想像して、リラックスすることが必要です。

隠れている人格の名前を自分自身に尋ね、どんな名前が浮かんでくるのかをみてみましょう。直感や瞑想を使って『隠れた自己』を見つけることもできます。

また夢を使って『隠れた自己』を表面に引き上げるやり方も効果的です。

ひとつの方法は、眠りにつく前に自分の心にプログラムするというものです。あなたの『隠れた自己』が目に見える形で現われるように願います。そうするだけで夢の中でそれが姿を表わすことでしょう。

どんな方法を使ったとしても、いったん『隠れた自己』とつながったならば、それが何才で、どのくらいの期間あなたと一緒にいるのかを質問してみましょう。

直感や推量を信頼することです。

あなたの『隠れた自己』と知り合いになったなら、その目的が何かを質問し、怖がらずに会話したり、動機を質問してみましょう。

『隠れた自己』が目的を達成するのを手伝う一番良い方法は、あなたの人格全体と統合させてあげることです。

その部分が溶けて、あなたの表面意識全体とひとつにつながるのを感じてみましょう。

それによって二つのエネルギーがひとつになり、同じ全体目標に集中することができるのです。

あなたとひとつになり、一緒になって働けば、『隠れた自己』とその貢献が真実のかたちで実を結ぶのです。二つの別々の目標ではなく、『隠れた自己』の本当の目標があなたの目標とひとつに統合されて、あなたがより大きく広がり、さらに効果的になれるのです。

このポイントを実行するために

＊統合する前に『隠れた自己』に聞いてみましょう。
「私が今まで通りのやり方を続けたとしたら、３ヵ月後にはどんな状態になっているでしょう？　６ヵ月後は？　１年後は？」たいていの場合、状態がさらに悪化し、時にはひどく悪化するという答えが返ってくることがあります。

＊次には『隠れた自己』にあなたの中に溶けてもらいましょう。そして、３カ月後、６カ月後、１年後に状態がど

のように改善するかを見てみましょう。どの場合も今の状態を続けるよりは大きく成功しているはずです。

場合によっては、自己破壊を主な目的にしている『隠れた自己』を見つけることもあるでしょう。これはつまり、『隠れた自己』がその本来の目的と十分につながっていないということであり、的外れの戦略で本来の目的を達成しようとしているということなのです。その場合は、『隠れた自己』の一番根底にある理由が明らかになるまで、本当の目的は何なのかと質問し続けることが必要です。

それは自分を守るためかもしれないし、痛みを終わらせるためや、『隠れた自己』が傷ついたり、傷つけられたりしないためなのかもしれません。核心がこういう目的だとしたら、自己破壊的な戦略は間違って用いられたものであり、不必要な代物です。

『隠れた自己』と表面意識の本質が統合されると、すべてのエネルギーがポジティブな方向に統合されます。

そして本来の目的がさらに効果的に達成されて、内面的な葛藤やジレンマが終わりを告げるでしょう。さらに『隠れた自己』が今までにもたらしてきたネガティブな経験を、これから先しなくてすむようになります。

# 8

## DEATH TEMPTATION
## 死の誘惑

**このカードの意味：**疲労感、燃え尽き、大きな苦痛、「生きていてもしかたがない」という気持ち。隠れた誕生の機会。

本来死には二つのかたちがあります。

ひとつは、人生の終わりの避けられない通過点であり、まるで着ているものを着替えるように安らかで穏やかなものです。

二つめは現実的な意味でも象徴的な意味でも、『死の誘惑』です。それは失望感からの反応であり、人生との戦いであり、人生への呪いでもあるものです。この種類の死は、いわば争いであり、意識的にも、潜在意識的にも自己破壊的方向に引き寄せられています。今経験している痛みや、疲労感を本当に終わらせるには死ぬしかないと感じるのです。

ところが、『死の誘惑』を感じている時こそ、状況を見直して再生を体験するチャンスなのです。自分の現在の葛藤に出口はないと考えてしまうかもしれませんが。実際は出口はいくらでもあります。あなたに必要なのは、自らが変化して再生を迎えようという意欲を持つことなのです。

葛藤が起きるのは、あなたの心の二つの部分が別々の方向に向かって動いている時です。

そのひとつが自分以外の人や集団、自分の外側の状況に投影され、あたかも人や状況に原因があるように見えるでしょう。そして、これが自分の心だとあなたが思っている部分は、滞って動きがとれないように感じてしまうのです。

そうなると、とても生きてはいられないと感じるかもしれません。しかし、それはあなたが何かを手放して、変化しようとしていないからそう感じるのです。ですから、この状態を抜け出す鍵は、人生で新しい誕生を迎えようという意欲を持つことなのです。新たな誕生は、本当に「生」を選択することによってやってきます。

新しい誕生を迎えるには、冬の後に必ず春が訪れるように、人生もまた再び始めることができることを信じなければなりません。そして実際に行動しようという意欲が必要です。

あなたが『死の誘惑』に直面している時に癒しをもたらしてくれる主な概念は、「意欲を持つこと」「執着を手放すこと」「選択」「再生」そして「自分を許すこと」です。意欲を持って、あなたのハイアーマインドの助けを求めれば、新しい誕生は楽に、恩恵とともに訪れるでしょう。

## このカードが出たら

このカードを引いた人は、自分が『死の誘惑』を感じていたことに気がついていません。自分に聞いてみましょう。次に挙げるような感情を感じてはいないでしょうか。

「喪失感」「傷心」「罪悪感」「失望」「権力争い」「激しい疲労感」「消耗して燃え尽きる感じ」「屈辱感」「肉体的または精神的な苦痛」「自分には価値がないという感じ」「自分にも人生にも何の意味も感じられない」これらがやがて死の誘惑になるのです。

あなたが死ではなく再生を選択すると、全世界を助けることになり、時間やお金や苦しみを節約することになるのだと想像してみてください。

あなた自身や、状況が変化すること——それも徹底的に——変化することを積極的に歓迎しましょう。変化することが到底不可能に見えるような状況ですら、奇蹟は起きるということを覚えておきましょう。あなたが心をこめて選択すれば、新しい誕生はすぐそこです。

# 人間関係のカード群

## No. 9〜16

〔オレンジ〕

人間関係のカード群の土台になっている「人間関係の罠」は、普通はすでにある家族のパターンや罠から現われます。家族の罠は私達の魂の罠から出てくるものであり、無意識のカード群で表現されています。

人間関係のカード群は、人間関係や家族に関する心配事を扱うために使います。カードが表わしているのは、人との関係でみられる、うまくいかないパターンです。そのパターンの結果として、自分を被害者にしてしまうのです。

# 9

## NEEDINESS
## 依存心

**このカードの意味：**依存、未だに埋めきれない過去の喪失感の埋め合わせをしようとしている。欲しがるばかりで受け取ることができない。

『依存心』とは、誰か他の人に自分を救ってもらおうとすることです。

相手の人が、自分の欲求を満たしてくれて、自分を幸せにしてくれると思っているのです。『依存』というのは私達が身につける主な役割のひとつで、今だに埋めきれない過去の喪失感を埋め合わせるためのものです。

『依存的』であればあるほど、他者を操作する傾向が出ます。特に感情面で人を脅迫するのです。傷ついたり、悲しんだり、つまらなそうな顔をして、誰かに世話をしてもらったり、愛してもらおうとしたり。

『依存心』があると、しばしば感情を武器として使いますが、絶対に成功しません。なぜなら、『依存的』になればなるほど、自分は他者にとってお荷物になり、どんどん魅力的ではなくなってしまうからです。『依存』は、自己中心的です。人を見る時に、その人がどれだけ自分の欲求を満たしてくれるかどうかで判断するのです。
『依存』していると、なんとかして「手にいれたい」「奪いたい」と思うのですが、実際は何も「受け取る」ことができないのです。欲求が満たされた時、瞬間的にとても気分が良くなるかもしれませんが、満たされない時にはがっかりして心がこなごなに砕けてしまいます。
そうなると、相手の人があなたの欲求を満たしてくれるかどうかが、あなたを愛してくれているかどうかの基準になってしまうのです。ところが実際のところは、相手が誰であろうと愛してくれたところで、必ずしも欲求を満たしてくれるとは限らないのです。

## このカードが出たら

このカードを引いた人は、自分の感情と自分の人生に責任をもつことが求められています。『依存的』な立場にいるということは、自分の心がわざわざ傷つくように仕掛けているようなものです。
あなたは相手を縛りつけようとしていますが、本当に相手を愛しているなら、そんなことができるはずがないのです。
もしつらい気持を感じているならば、それがポジティブな感情に変容するまで感じ続けることです。そのプロセスを早めるためには、さらにその感情を誇張してみましょう。
この状況を変容させるのに気づく大切なことは“あなた

が『依存的』な行動をとる時、人はなぜかあなたから遠ざかっていく”ということです。

そこを通り抜けるには人や状況を許すこと、またはリーダーシップの原則を使って自分の欲求を手放すことです。リーダーシップの原則とは、「私が苦しいということは、誰か他の人が私よりもさらに助けを必要としているということ。その人は誰でしょう？」と自分に質問してみること。そして答がやってきた時には、自分の痛みを乗り越えて相手の痛みも、あなたの痛みもごっそり抜け落ちて、再び流れに乗ることができるでしょう。

愛は誰をも牢獄に閉じ込めることはありません。相手をあなたの奴隷にして、欲求を満たしてくれる安全な供給源にしようとはしません。愛は自由を与えるのです。

# 10

## HEARTBREAK
## ハートブレイク

**このカードの意味**：拒絶（受け入れようとしない）、かんしゃく、感情的な脅迫。

大きな『ハートブレイク』や裏切りには、それ以前にルーツがあります。ことに子供時代に愛する人や両親、人生や神から裏切られたり、拒絶されたと感じた出来事の再現だといえるでしょう。

ただし、拒絶されたというのは、実はあなたの心の内面が外に投影されたものなのです。

私達は、誰かを拒絶するという一瞬の選択をすることがあります。ところが、しばらくすると相手の方が自分を拒絶しているのだという見方をするようになります。相手が自分の望むことを、望み通りのやりかたでしてくれないので、自分のことを愛してくれていないのだと解釈してしまうからなのです。

『ハートブレイク』におちいる原因は、何かを受け入れることを拒んでいることにあります。

つまり、他者が“自分の欲求を満たしてはくれない”ということを受け入れまいとしているのです。そうなると

『ハートブレイク』、失恋というのは、自分の欲求をなんとか満足させようとするための戦いであり、競争になってしまいます。

また、人に自分の思い通りの反応をさせるために、感情的な脅迫や操作の方法として『ハートブレイク』を使うこともできます。相手の人が自分の思い通りにならないと、私達は受け入れることを全面的に拒否して、心をこなごなに砕いてしまいます。相手が自分の面倒を見てくれないからとか、自分の欲求を満足させるようなやり方でやってくれないので、その人を拒絶するのです。

傷つくのは、誰かから何かが欲しいのに、それを否定された時だけです。『ハートブレイク』を体験するのは自分の欲求を満たそうとして、相手から何かを奪うことを目的に、自分から与えたり与えているふりをしていながら、実は何かを手に入れようとしている時です。そしてこういう行動をするからこそ、相手から遠ざけられてしまう結果になるのです。

## このカードが出たら

このカードを引いた人は、あなたの欲求がどういうところで人間関係の邪魔をしているのかを見てみる必要があります。

その欲求は、愛情とは違うものです。パートナーが遠ざかっていくように見えて心が傷つくならば、あなたがパートナーからいったい何を手に入れようとしていたのかを見つめてみることです。そのほかにも、受け入れることよりも自分がパートナーをコントロールすることのほうを重視して、受け入れることを拒否している人や、ものや、状況はないでしょうか。

何かを拒絶すればするほど、心は傷つくものです。一方、今すぐそれを理解し、受け入れ、許し、こだわりを手放せば、私達は解き放されて自由になれます。

今日は、傷ついた心を癒すだけでなく、心の中にある『ハートブレイク』のパターンをも癒すチャンスです。あなたがそれを選択しさえすれば、の話ですが。

このレッスンを学べば全く新しいレベルで成熟し、自信が出てくるでしょう。そして、あなたの人間関係がきっと今よりずっとうまくいくようになるでしょう。

# 11

## SACRIFICE
## 犠牲

**このカードの意味**：罪を償うための補償行為。与えるけれども受け取らない、隠れた競争心、親密感を感じる怖れ。

『犠牲』とは、「自分には価値がない。」という観念にもとづいていて、罪悪感と直結しています。自分自身を愛することをやめてしまったために、自分を奴隷の身におとしめてしまう行為です。

自分は与えるけれども、人からは何も受け取らないので、すぐにエネルギー不足になってしまいます。やがては疲れきり、消耗しきってしまいます。『犠牲』とは、基本的には、完全に立ち直っていない、過去の喪失の苦しみを感じないための防衛なのです。喪失感への防衛として、人を助けることに逃げて、自分の苦しみを感じないですむようにしているのです。

そこには自分を失敗させた人たちへの怒りもあるし、失敗した人たちの役割を肩代わりしなければならないという観念もあります。しかし実際は、自分が彼等を失敗させてしまったと信じているのです。そこで、このいつわりの罪悪感を償うために犠牲を払おうとするのです。

このような心の動きは子供時代に始まり、そこから家族のパターンが生まれて、現在の人間関係、ひいては生き方全般にまで影響を及ぼしています。

事実、ほとんどの『犠牲』は家族のパターンから生まれています。家族を救うために、自らを『犠牲』にする人もいるでしょう（殉教者の役割）。しかし、それは絶対に役に立たないことなのです。本当のところは、自分が前に進まないことの言い訳に、家族を使っているからです。このような「えせ救済」は、いわゆる「共依存」になってしまい、相手が抱える問題をかえって大きくしてしまいます。

そこには助けている相手の状況が好転していくことへの、ひそかな怖れがあるのです。相手の状況が良くなるということは、「偽物のヘルパー」本人もまた前進しなければならないことを意味します。そこに、『犠牲』という、親密感を感じないための防衛があり、次の一歩を踏み出さないための防衛が成り立ってしまいます。

『犠牲的』な行為をしているときのあなたは、相手と「癒着」しています。つまり、自分自身と自分が奴隷になっている相手との自然な境界線がわからなくなっています。

癒着した関係の中では、自分を相手よりも上だと考えて、相手を自分の肩に担がなければならないと感じたり、自分が相手よりも下だと考えて、相手からの愛と承認を受け取るために、自分の人生を捨てなければならないと感じるのです。

どちらにしても、『犠牲』を払っている人は、相手と対等な関係を持って親密感を感じることを怖れています。

あなたが相手より上に見ようが、下に見ようが、『犠牲』を払っている相手への批判や判断が隠れています。あなたが相手よりも上だと思っているならば、そこには優越感があるでしょうし、あなたが相手よりも下だと思っていたとしても、道徳的には自分のほうが上だと思っているでしょう。

『犠牲』を払うということは、実際には競争心をあおることにより、かえって相手との違いの方に目を向けて、分離感や怖れを生みだすことになるのです。

## このカードが出たら

このカードを引いた人は、自分が受け取ることをしていないのは、どの分野なのかを見直してみる必要があります。受け取っていないということは、あなたがなんらかのかたちで『犠牲的』な行為をしているということだからです。

『犠牲』のもつ陰湿な性質は、何をするにも困難で、重荷になってしまうことです。

ひとつの理由は、私達が『犠牲』を払う時は大抵の場合、愛情ゆえですが、一方で自分自身の価値を認めていないからでもあるのです。そうなると、自分の目から見ても、人の目から見ても魅力的ではなくなってしまいます。

あなたは誰に対して『犠牲』を払っているのでしょう？自分のものではないのに、逃避のため、ことに親密感を避けるために担いでいる重荷は何でしょうか？　『犠牲』とは、人とのつながりあい、ふれあいを避けていることから生じるものです。ですが、人とのつながり、ふれあいこそが成功をもたらしてくれるものなのです。『犠牲』を行っている時には、重労働により多くの事をすることはできますが、自分自身の全身全霊を与えていないので成功はしないのです。

あなたは今日、真実の自分を生きる必要があります。シェイクスピアの「ハムレット」でポロニウスが言うように、「あなた自身が真実であれば、夜が昼にしたがうように、それに従わねばなりません。されば、あなたは誰にとっても偽りにはなりえません」。

あなたが自分自身を自由にしてあげれば、他の人達をも自由にすることになります。あなたが真実の自分を生きれば、他の人達もまた真実の自分、あるがままの本当の自分を生きることができるのです。

# 12

## INDEPENDENCE
## 自立

**このカードの意味**：感じること、受け取ること、コミットメント（自分を与え続けるという決意や覚悟）を怖れる。

『自立』とは、ハートブレイクや嫉妬が癒されていないことに対する反応で、人間が身につける三つの大きな役割（自立、依存、犠牲）のひとつです。
『自立』は、ハートブレイクや嫉妬、犠牲や喪失などのつらい感情を埋め合わせるためのものです。『自立』しているほど、親密になることを怖れ、無防備な状態で人から受け取ることを怖れています。
　それは昔のつらい感情が、また湧き上がってくるのを怖れているからです。『自立』することによって、つらい感情から自分を切りはなそうとしているのです。ただややもすると、感じるという能力がすべて失われてしまいます。ポジティブな感情も感じられなくなり、その人が『自立』していればいるほど、ハートブレイクや犠牲から立ち直っていないのです。
『自立』の中心的な要素は、人とのつながりが不足していることと、他の人へのコミットメント（相手に自分を与え続けるという決意や覚悟）が欠けていることです。『自立』している人は、自分にも人にも厳しくなる傾向があります。「私がやらなければ、この仕事はうまくいかない」という観念が問題なのです。『自立』していることにより、おのずと犠牲的な傾向が出てくるのも問題です。犠牲の役割を身につけると、自分は与えるけれども人からは受け取らないし、本当の自分自身を与えようとしないからです。
『自立』している人は親密感を怖れ、自分が何かを受け取ることを怖れていますから、「問題を解決するため」と称して物理的にも感情的にもその場から逃げようとするでしょう。厭世的になったり、人づきあいが悪くなるのもそのせいです。
『自立』のもうひとつの重要な側面は、人間関係において、ひそかに（堂々とすることもありますが）人と競争しているということです。
　たとえば、あまりにも優秀なので他の人が誰も競争しようとはしないとか、なんでも良くできるから「競争なんてくだらないことをする必要はない」ということなども、隠れた競争なのです。
　心理的に競争というのは逃避のひとつであり、勝つということだけが強調されている状態です。これが人間関係では非常に破壊的になる可能性があります。競争の根底にある目的は、一歩前に進むのを避けることであり、そこから目をそらせることです。

## このカードが出たら

このカードを引いた人は、次のことを見つめてみる必要があります。あなたが自分自身とも人ともつながっていないこと（あなたが孤立していることや、競争心を持っていること）が、今現在かかえている問題の原因ではないでしょうか？　ここで成功するには、全く新しいレベルで人とつながる必要があることを意味します。そのためには、つらい感情を怖れず、自分の欲求も人の欲求も怖れないあなたの意欲が必要です。また内面に隠れていた感情も感じとり、それがポジティブな感情に変容するまで感じ続けるという意欲が求められます。

あなたが今まで自分の中でその存在を否定し、人に投影してきた部分を、もう一度取り戻すことが求められています。それには、自分自身の欲求や感情を受け入れることを学ぶこと。そうすれば人の欲求や感情からも逃げださずに、受け入れて応えることができるでしょう。

自立から卒業して真のパートナーシップと相互依存に入ると、自分がつながっていないという孤立感、主導権争いや、活気のない死んだ人間関係が解消されるでしょう。そして、親密感やつながりやふれあいのある豊かな人生が始まるでしょう。

# 13

## HOLDING ON
## 執着

**このカードの意味**：過去の欲求に執着すること、前進することへの怖れ。

『執着』とは、過去の欲求を現在の状況の中で満たそうとする試みです。しかし今の状況やそこにかかわる人々が過去の欲求を満たすはずもなく、なおかつ現在の状況からは何も受け取ることができません。

意識は想像したことが事実だと思っていますから、『執着』している過去の誰かや、過去の性質が、今も実際にあるのだと思ってしまいます。あなたが過去の何かにしがみついているのがわかる確実なしるしは、今現在のあなたの人生に何が欠けているのかを見てみることです。

どんな分野であれ、過去にあなたが持っていたものや状態への『執着』を手放そうとしない限り、それを手に入れることはできません。しがみつきとはかんしゃくの一種で、自分の思い通りに行かないのなら前には進まないと言っていることなのです。しかし、いつまでもそうしていると私達は生ではなく、死の方向へと向かってしまいます。

ほとんどの人は、『執着』と愛を混同しています。相手に『執着』し、心理的にしがみつくことは、相手への思いやりというより、自分の欲求を満たすことを重視しているということです。人や物を失った際には、喪失を嘆き悲しむプロセスが自然と起こるのに対し、『執着』は仮病を使っているようなものなのです。

『執着』し、しがみつけばつくほど、あなたは魅力的ではなくなります。そしてしがみついている相手はどんどんあなたから離れていくでしょう。あなたにとっての「愛情」というのは、彼や彼女に対するものではなく、あなた自身の欲求を満足させることなのだと、相手も気がついてしまうのです。

反対に、『執着』を手放すことであなたはもう一度魅力的になり、力が湧いてきて、次の一歩を踏み出すことができます。ただし、手放すことと、遠ざけることは、はっきりと区別することが大切です。

遠ざけるということは、感情を切りはなすことによって、なにも感じないようにしているだけです。こういう拒絶のしかたは自立的（自立の項で紹介された意味）で、うんざりし、怒っている状態なのです。遅かれ早かれ、怒りの下に隠れている依存心と痛みに向き合わねばならないでしょう。

そうなると、『執着』してしがみついていたいのか、それとも成功したいのかの選択を迫られることになります。

去っていった人にしがみついていると、相手はうんざりするでしょう。ところが、くり返し何度も何度も相手を手放し続けていると（勇気があるなら、一度にすべてを手放すこともできますが）、相手の方からあなたとのつながりを求めてくるでしょう。そこで相手と心をつなげ続けながら、しかも『執着』しないでいられれば、その関係は成功するに違いありません。しかし、ここで相手に『執着』してしまっては絶対にうまくはいきません。

選択の時は今です。あなたは成功したいのでしょうか？それとも自分の欲求を満たすために、相手に心理的にしがみついて、相手を操り続けたいのですか？

## このカードが出たら

このカードを引いた人は、自分が何にしがみついているのかを見直す必要があります。

『執着』を手放し、自分自身を信頼することが求められているのです。しがみついていたものを手放して、手を開いた状態になってはじめて、新たに受け取ることができるようになります。

『執着』を手放すことは特に難しいレッスンになりますが、天の恩恵とともに楽に手放すこともまた可能です。『執着』を手放す方法は数多くあります。

ひとつは、すべてのネガティブな感情や、死んだような気持が消えてなくなり、かわりにポジティブな感情が出てくるまで、感情を感じ続けることです。そのプロセスを加速化するために、ネガティブな感情をさらに誇張してみることもあります。

もうひとつは、リーダーシップのヒーリングの法則を使うことです。

自分自身に質問してみます。「私がここでこうして苦しんでいるということは、私以上に大きな助けを必要としている人がいるはずです。その人は誰なのでしょう？」答が頭に浮かんだら、あなたは自分の痛みを突き抜けて相手に近づき、その人を援助するのです。すると、あなたの痛みも、相手の痛みも、すべてとは言わないまでも、ある程度までは解消されるでしょう。そしてあなたは再び流れに乗ることができるでしょう。

もしあなたの痛みが激しく、何層にもわたって次から次に湧きあがってくるようでしたら、色々な人に手をさしのべることができるはずです。痛みを通り抜けてだれかを援助し、自分の痛みの方に気をとられるよりも相手のことを大切にするのです。そのたびごとに、あなたのさらに深い痛みの層が次々に消えていくでしょう。痛みを避けようとしたり、痛みがあるのを否定したり、痛みをこらえて強がるよりも、ずっとうまくいきます。

『執着』を手放すということは、次の一歩を踏み出すことです。次の一歩を迎え入れることです。そして、今までしがみついていたものを、手放すこと。「私はもうこれ以上『執着』し、自分を前に進ませないようにするのをやめる」という選択をすることです。手放すことは許しなのです。簡単に言えば、苦しみに終わりを告げて成功するために、『執着』心をあなたのハイアーマインドに渡すということです。

# 14

## CONTROL
## コントロール

**このカードの意味**：昔のハートブレイクから起きる防衛、自分や人を信頼することへの怖れ。

心のなかの二つの部分が別々の方向に向かっている時、状況を何とか自分の手で操作して、『コントロール』しようとしがちです。もしひとつの方向に前進してしまうと、もうひとつを完全に失ってしまう怖れがでてきて膠着状態になり、前に進めなくなってしまうのです。

あなたの人生がこの段階にある時、ひょっとすると砂漠の中でつかの間のオアシスにたどり着いたような錯覚を感るかもしれません。

人は失敗を怖れていると同時に、成功をも怖れているので、色々なかたちで『コントロール』が現われます。本当に成功している時は、人生の流れにうまく乗っているのですが、にもかかわらず自我の目から見ると「『コントロール』を失った状態」に映り、怖れとなるのです。

身のまわりのすべての人に良いことが起きるようにと、自分や人を『コントロール』しようとするのですが、実際のところそれは怖れにもとづいているのです。

『コントロール』は防衛であり、自分自身を守ろうとしているのです。しかし人は当然『コントロール』されることに抵抗します。自分に対しての『コントロール』にさえ抵抗するものです。だから、自分や人を「守ろう」というつもりで『コントロール』すると、そこに当然主導権争いがおこり、さらなる苦痛やハートブレイクが起こってしまうのも驚くにはあたりません。

つまり、『コントロール』は防衛なのですが、防ごうとしていることをかえって招きいれてしまうのです。自分の安全を守ろうとするあまり、可能性が制限されてしまいます。パートナーをあなたの欲求を満足させてくれる源として、安全な存在にしておこうと『コントロール』すると、パートナーはつまらない、さえない人間に見えてきてしまいます。

『コントロール』によって人間関係に主導権争いが起きます。自分なりのやり方で押し切ろうとしたり、問題を起こすのは、自分が欲しいものを手にいれるためのひそかな闘いであり、一種のかんしゃくのようなものです。人間関係において片方の人が抱えている問題は、実は相手の人を思い通りに操るための手段なのかもしれません。

そして相手の方は報復として「全く自分には関係がないし、何の影響も受けない」という、自立的な態度をとるのです。

## このカードが出たら

このカードを引いた人は、コミュニケーションと信頼の必要があります。

あなたの中にある「こうあるべきだ」というこだわりを捨てれば、可能なかぎりの良い状態が見えてくるはずです。

あなたが直面している問題や課題をもっと深く見つめてみましょう。自分自身に質問してみましょう。「私はいったい誰を『コントロール』しようとして、この問題を持っているのだろう？」「私はこの問題や課題、またはこの人を使って、どのように自分自身を『コントロール』しようとしているのだろう？」

このカードを受け取ったということは、対立している心の中の二つのサイドを統合しましょうと提案されていることなのです。二つのサイドのうちのひとつは外に投影されて、他者があなたにこの問題をもたらしているように見えるかもしれません。

ここであなたは冒険して心を開き、自分自身をわかちあい、前に進むことが必要です。信頼すれば、前に進んでいくのに必要な自信が湧いてきます。自分を信頼すること、そしてなおかつ、天の力を信頼することで、楽に前進できるでしょう。

# 15

## POWER STRUGGLE
## 主導権争い

**このカードの意味**：欲求を満たそうとすること。人に抵抗すること。自分の正しさを主張すること。次に一歩進むのを避けること。

『主導権争い』とは、他者にあなたの望む通りの行動をさせ、自分の欲求を満たそうとすることです。

もしあなたが『主導権争い』に勝って人を思い通りに利用できたとします。次は相手が敗北感を感じて、再び主導権を取り戻そうとするでしょう。身近な人があなたとの『主導権争い』に負けると、犠牲をはらうことになります(11番のカードを参照)。すると人間関係は苦痛に満ちたものになり、あなたも敗者となって、相手を自分の肩の上に担ぐことになってしまいます。つまり、パートナーがあなたとの『主導権争い』に負けたとき、あなたもそのつけを支払うことになるのです。

『主導権争い』とは自分の正しさを証明しようとすることです。それは、両方のエネルギーや物の見方をひとつに統合できることを見逃しているのです。

そしてたいていの場合、自分の欲求を満たそうとして間違った方向に向いてしまうのです。自分が一歩前に足を踏み出そうとしないで、パートナーの方を向いてしまうことなのです。

『主導権争い』に参加せず、あなたが前進することを選択したならば、新しいレベルの理解に到達することでしょう。すると、あなたの敵のように見えるパートナーもまた、自動的にあなたと一緒に次のレベルに上がれるでしょう。ここで新しいレベルでつながると、二人の欲求がどちらも満たされるでしょう。これがパートナーシップの原則です。片方のパートナーが一歩前進する時、お互いがその恩恵を受け取るのです。

『主導権争い』は、実はあなたの内面の葛藤が外に投影されたものです。怖れから生まれて、欲求は満たされず、実際は内面的な葛藤がどんどんふくらんでいくのです。

## このカードが出たら

このカードを引いた人は、成功するためにしているはずの戦略がうまくいかないことを見直し、前に進む必要があります。

多くの場合、『主導権争い』は古い心の傷を感じないようにするための闘いです。しかしこの戦略がかえって火をつけることになってしまい、現在の状況にまぎれて古傷がこっそりと姿を現わします。あなたが成功していない分野は、どれもそこに『主導権争い』があることを示しています。その多くはあなたが否定していたり、隠れていたり、あまりにも古くてもう気がつかなくなっているものです。

あなたがもっとも否定していたり、気づかずにいる心の一部を相手に投影しているのです。どんな問題も、重要な人との『主導権争い』があることを現わしています、その人は現在あなたの人生をともに歩んでいる人かもしれないし、または過去の人物が反映されているのかもしれません。

何に関する『主導権争い』なのかがはっきりとわかれば、そこからコミュニケーションを始めて、双方に橋をかけることができます。あなたは相手の人とつながることができるのです（だからといって、必ずしも相手の意見に同意するわけではありません)。それは場合によっては、過去の誰かとエネルギーでつながることを意味するのかもしれません。

『主導権争い』をしている状況では、許すことや、信頼することもまたうまくいきます。成功するためには、両方のエネルギーが必要なのです。『主導権争い』が解決すると、そこには平和がもたらされます。さらに豊かさやひらめきなども含めた、さまざまな良いものが生まれることでしょう。

# 16

## ROLES
## 役割

**このカードの意味**：規則や義務に縛られた補償行為の人生を生きること。やってもやっても報われない、真実ではない、偽りの人助け。

『役割』を身につけ、『役割』として行動することは消耗して燃え尽きてしまう一番の理由であり、ストレスの第二の原因です（第一は期待）。

すべての『役割』は、あなたの何かを証明するためのものです。自分が信じている、本当の自分自身とは違った、反対の何かであると証明しようとします。

人生において何らかの困難があるのは、本当のつながりや、コミュニケーションや本当に自分の中からでた行動ではなく、『役割』の人生を生きているという確かなしるしです。

すべての『役割』の下に隠れているのは、罪悪感や犠牲、疲労感や停滞感です。そして、その下に失敗感があります。

さらに、そういう気持の下に埋もれているのが死の誘惑です。死んだように活気のない状態こそ、『役割』を生きているまぎれもない証拠です。死んだような活気のなさの原因は、かたちだけの「行動」をとり、自分自身の心をまったく与えていないからです。そうなると何も受け取ることができず、気分を新たにすることもできません。

『役割』とは防衛であり、傷心や罪悪感や失敗感、さらには痛みで死んでしまうのではないかという怖れに押しつぶされないために行っているのです。つまり『役割』とは、自分には痛みがあるとか、問題があるという間違った観念を埋め合わせるためのものです。そこでそういう観念とは全く反対のかたちで自分を現わして、大事な人達からの承認を得ようとするのです。

まず始めに間違った観念のために本来の自分自身を捨ててしまい、それからいわゆる「良い人」になり（時には「悪い人」にも）、その後最終的に「役に立つ人」「実用的な人」「良く働く人」になります。問題はそういう『役割』から得られるごほうびです。

承認や賞賛を自分では何も受け取ることができません。報酬は『役割』そのものに対して、つまりあなたが証明しているいわゆる「良い人」などのほうに行ってしまいます。あなたが何も受け取れないということは、それなりの行為はしていても、本来のありのままの自分自身を与えていないからです。そうしていると自分の可能性が狭くなって、すぐにエネルギーが枯渇してしまいます。自分が年をとり、ボロボロに疲れきってしまったと感じるのです。やがては、消耗しきって燃え尽きてしまいます。『役割』は、正しいことはしていても、理由が間違っているのです。

例えていうならば自分を守るために身につけた鎧のせいで、かえって自分への滋養が妨げられて中まで入って来られなくなるようなものです。

どんな人も『役割』を持っています。そのうち三つの大きなものは、依存、自立、犠牲です。そしてその他の『役割』はすべてそこから派生します。『役割』の土台にあるのは恨みの気持であり、誰かがあなたにとって「ちゃんとやってくれなかった」という気持です。『役割』というのは成功にそっくりなイメージですが、中味がともないません。だからこそ、『役割』を行動している人は、「自分は偽物だ」と感じるのです。

## このカードが出たら

このカードを引いた人は、ものごとを自分で選択して行なうのではなく、ただ「決まりごと」だからしていたり、自分が「そうするべきだから」しているということを見直す必要があります。

自分自身ですべての選択をすれば、そこで本来の自分を与えることができ、なおかつ何かを受け取ることもできるのです。

あなたに求められているのは、コミットメント（自分自身を与え続けるという決意と覚悟）と、真実をもって本音の人生を生きることであり、もう一度人生のゲームに自分を参加させることです。『役割』を生きている時には、他の人には勝ち方を教えておきながら、自分はそのゲームに参加すらしていないことが多いのです。

さらに許すことも、報われない補償行為から解放されるもうひとつの方法です。天の恩恵があなたに届こうとしているのを、『役割』が妨げてしまいます。解決の方法は、コミットメントです。自分の全身全霊を与えることです。

**カードを指ではじいてみる。**

このカードはセルフ・セラピー・カードの中でも、指ではじき飛ばしてみた結果によって別の解釈の仕方ができるカードのひとつです。リーディングの際にこのカードが出てきたなら、これをはじき飛ばしてみてください。

親指と中指ではさんで、はじき飛ばします

表面が下向きに落ちたなら、あなたがある種の家族の『役割』にはまっているという印です。家族の『役割』は代表的な例では子供時代から始まり、それが人間関係の中に持ち込まれ、それから一生持ち続けるものです。

家族の『役割』には主に５つあります。

「ヒーロー」「殉教者」「スケープゴート」「迷子」「マスコット」です。ヒーローや、殉教者、スケープゴートはどれもが罪悪感の埋め合わせです。

「ヒーロー」の『役割』を身につけるということは、何がなんでも最善を尽くし、一番輝くキラ星になって、罪悪感を埋め合わせて家族を救おうとしているのです。
「殉教者」は家族を救おうとして自分の身を犠牲にします。病気や怪我、性的虐待や死というかたちさえとります。
「スケープゴート」(生け贄)は、問題に巻き込まれたり、ネガティブなものを一手に引き受けることで、家族を救おうとします。この『役割』を担っている人は、家族の誰もから我が家の「問題児」、「悪い子」、「変わり種」とみなされる人です。もし家族の問題が非常に深い場合には「スケープゴート」は法律を犯すことまでします。ですが実際には家族のために、外部からの助けを求めている方法なのです。
「迷子」と「マスコット」(別名ピエロやエンターティナー)は、自分が不十分だという気持をなんとかして補おうとするための家族の『役割』です。
「迷子」は、目立たない存在になろうとします。迷子役の子供は、自分から家族への最高の贈り物は、自分が姿を消すことだと考えるのです。それは、文字通りそこからいなくなることもあれば、比喩として消えることもあります。
「マスコット」は家族を楽しませようとし、家族からいつも愛されている存在です。ところがマスコット本人は、ありのままの自分が愛されると感じることがほとんどありません。自分が愛されるのは『役割』として家族を楽しませ続けているからだと感じています。

家族の中でこういう『役割』が誇張されるほど、多くの問題を抱え、より機能不全な家族になっていきます。前述の一般的な『役割』と同様、家族の『役割』もまた、与えても受け取ることができないパターンです。

もしあなたが家族の『役割』のカードを受け取ったなら、今あなたを止めているのはどんな『役割』なのかを見つめてみましょう。最初はそれに気がつかないかもしれませんが、本当は誰もがそのすべての『役割』を演じてきたのです。

家族の５つの『役割』を別々の紙に書いて、その内の一枚を選んでみましょう。あなたの潜在意識が何を選ぶのかをみることができます。あるいは、すでにあなたは、自分の『役割』が何なのか気づいているかもしれません。

『役割』というのは決まりきったマニュアル通りの生き方です。そこでは対応能力が止まってしまい、援助をしたりされたりということもなくなります。

今日は「真実を見せてください」と願ってみましょう。本音で、幸せに、楽に、自由に生きることができるように。それができれば、『役割』としての人生を生きていない確かな証になります。

# 無意識のカード群

No. 17〜24

〔青〕

無意識のカード群は、魂のレベルでおちいりやすい罠やパターンを表わしています。深層レベルの意識や感情とエネルギーを表現するもので、シンボル（象徴）や比喩、神話や伝説でしか表現することができません。

また、魂が自らと、人類のために、地上に生まれてきて学び、癒そうとしている物語や問題として見ることもできます。

さらに、個人の生まれる前からすでに存在していたパターン、たとえば家族に代々伝わってきたものや、過去世を反映しているものともいえるかもしれません。

無意識のブロックを癒すととても平和な気持になり、あなたの持つ自然な自信や幸福感がさらに強まるでしょう。また時には、金銭面や健康、セックス、人間関係、自分のパワーなどのあらゆる分野で、大きなブロックが解消することもあります。

# 17

## ANCESTRAL PROBLEM
## 先祖代々伝わる問題

**このカードの意味**：家族代々にわたって伝わる問題。

『先祖代々伝わる問題』とは、母方か父方の家族、またはその両方に代々伝わってきたパターンのことです。養子の場合には、たとえ生みの親に一度も会ったことがなかったとしても、養父母と実の両親のどちらか、または両方から代々引き継いでいるものがあるようです。

家族のパターンは、もともとのトラウマ（心的外傷）を原因としますが、それぞれの代によって違った症状が現われるようです。パターンはついつい選びやすい傾向として伝わっていくこともあります。たとえば病気や、自分の価値を認めないこと、欠乏、人間関係の問題、ハートブレイク、さらには死に方など。代々伝わった問題や課題なので、私達が生まれた時にはすでに家族から引き継いでいます（同様に、先祖代々引き継がれる家族の才能や得意の分野もあります）。『先祖代々伝わる問題』や家族のパターンは、その人の人生にトラブルを引き起こす最も重要な問題のひとつとも言えます。

## このカードが出たら

このカードを引いた人は、問題や課題は実はあなたが受精した時以来、ずっとあったという見方をしてみる必要があるでしょう。ひとつの観念体系を代々引き継いできたとしても、今のあなたはこの問題を解決することができます。そのひとつの方法として、今ヒーリングやギフトや恩恵のカードを引いてみることができます。またはあなたのハイアーマインドに頼んでこの課題を癒してもらうこともできます。そのほかにも『先祖代々伝わる問題』から脱出するための、ヒーリングの方法を二つあげてみましょう。

まず最初は大変効果的なテクニックです（タド・ジョーンズの「タイムラインセラピー」によります）。あなたが自分の肉体の上に浮かび、自分を見下ろしているとイメージしてみましょう。さて、今あなたが経験している問題を見下ろすと、それがひとつの色として見えてきます。それからあなたの向こうを見ると、その色が家族のタイムラインの中を通って現在に至るのが見えます。ここであなたの人生をさかのぼり、この色を追いかけてみましょう。そしてその問題を引き継いだ親の人生をさかのぼり、そのまた先祖のタイムラインをさかのぼっていくと、やがてはもともとの問題が起きた時の代にまでたどりつきます。そこでさらにさかのぼっていくと、今度は先祖のタイムラインを見下ろした時に、美しい色の光が見える所まで来ます。そこで、そのタイムラインと美しい光の中へとふわふわと降りていき、タイムラインに沿ってその光を代々引っぱりあげていきます。やがて光は色が変わっている部分を溶かして、現在のあなた自身にまで届きます。そしてさらには、あなたを通じてあなたの子供達（もしいるならば）にまで光が届くのです。

第二の方法は私が何百回も使って成功しているやり方です。これは以下の質問を聞いていく直感的な方法です。

＊この問題が伝わったのはどちら側の家族でしょうか？　母方、または父方、もしくは両方の家族？　それは多分………………。
＊その問題が起きたのは何代位前のことでしょうか？　それは多分…………代前のこと。
＊その問題が始まったのは、男性なのか、女性なのか、それとも両方なのでしょうか？　それは多分………………。

ほかにこういう質問をすることもできます。
＊この人（人々）にいったいどんなことが起きたためにブロックになり、それが何代も伝わることになったのでしょうか。

それからこんな質問をしてみましょう。
＊その結果その人のそれからの人生はいったいどうなったのでしょうか？
＊その結果として、その人の子供達には何が伝わったので

しょうか？
＊その子供達はそれから何を自分の子供達に伝えたのでしょうか？

そうやって質問をしながら、世代を代々追いかけることができます。
＊あなた自身の世代を含めて、それぞれの代にどのように症状があらわれたのでしょうか？

もしあなたに子供がいるならば、この質問をしてみましょう。
＊私は子供に何を伝えたのでしょうか？

多くの世代にわたる場合は、簡略化して最初の三代とあなたに近い最後の三代（祖父母、父母、自分自身）について質問を聞くことができます。
今度は最初の代に戻り、「センタリング」の方法を使って、問題や課題をリフレイミング（書き替え）してみましょう。
センタリングとは、関連している先祖にトラウマが起きる以前に戻り、その人の存在の中心に戻れるようにあなたのハイアーマインドに頼む方法です。それからハイアーマインドにその時周囲にいた人々もまた、それぞれがセンターに戻れるように頼みましょう。存在の中心であるセンターは平和で、純粋無垢で、恩恵に満ちています。

先祖は自分の中心とつながりながら平和な決断をすることができます。この結果先祖の人生がどのように変化し、もともとの問題のかわりに今度は次の代に何が伝えるられるのかを見てみましょう。それから３番目の世代とその後の世代には何が伝わっていくのでしょう。これが終わったなら、また最初の代に戻り、変容の結果である癒されたギフト（才能、贈り物）のエネルギーがそこに満ちているのを感じてみましょう。癒された新しいエネルギーが代々伝わって現在のあなたに至り、さらにあなたを通じてあなたの子供達に伝わるのを感じてみましょう。

前記のプロセスのセンタリングに加えて、もしあなたに霊的な存在との関わりがあるならば、あなたと一緒に、先祖の問題が起きる前の時に戻ってもらうことができます。たとえばキリストやブッダ、観音さま、モハメッド、シバ神、大いなる母、などなど。

存在の恩恵やひらめきやヒーリングパワーをその状況に招きいれて、変容させるのです。それからあなたのスピリチュアルなガイドの助けによって、家系全体が完全にクリアになるように癒されたエネルギーをすべての世代に伝えてもらいましょう。

# 18

## PERSONAL MYTH
## 個人の神話

**このカードの意味**：その人の人生に存在するストーリー。通常自分についてのネガティブな観念を埋め合わそうとする補償行為。

『個人の神話』とは深い無意識層（誕生する前からの心理）のひとつの面でもありますが、同時にその人の人生の重要なトラウマと折り重なっていることが多いものです。

『個人の神話』はまた、その人の人生に存在する主なストーリーです。神話やおとぎ話、伝説、さらに歴史上の出来事などの筋書に沿うことがあるので神話と名づけられています。このカードを引いたということは、あなたの人生に重要なシナリオがあって、現時点ではそれがあなたの邪魔をしているということを意味しています。

『個人の神話』は、大きなトラウマとその結果のハートブレイクや、失敗感や罪悪感にたいして形成された防衛であり、代償作用です。傷ついていると、人生のさまざまな局面に直面していく力が自分にあるとは思えなくなります。そこで神話や伝説の人物だったら強くて、勇気があり、知性もあるし、成功するのに必要な能力は何でも持っているという観念ができてきます。
ただし神話がたとえどんなにポジティブな特徴を持っていたとしても、所詮は補償行為なので、自分からの才能を与えても、その報酬（承認や賞賛、感謝など）を受け取ることができません。それはつまり、単に役割として演じているだけだからです。自分の中の原形的なイメージや自分についての暗い観念を否定して、なおかつ埋め合わせるためにしていることだからです。
『個人の神話』として、きわめてポジティブな人物、ヒーローや聖人君子を持つ人が多いようです。ただしそれが補償として演じられている限りは、そこには真実味がありません。役割というのは、自分がそんなに悪い人間ではないことを証明するためだけのものです。また中にはネガティブな性質の『個人の神話』もいくつかあります。そういう物語は自分についてのネガティブな観念から直接生まれたものです。

## このカードが出たら

このカードを引いた人は、重大なトラウマを癒して、もっと本音で、なすがままに生きる時がやってきたことを認めましょう。自分自身に質問してみてください。

＊私の中の『個人の神話』のもとになっている神話や伝説、

おとぎ話や歴史上の人物は何でしょうか。

その時に頭にパッと浮かんだ最初の答を信頼することが大切です。時には二つの答が心に浮かぶこともあるでしょう。それを自分勝手に判断し、ふるいにかけないこと。考えが浮かぶままにすることです。そこで出てくる人物の名前は、あなたが意識では知らないものさえあるかもしれません。あるいはストーリーの筋をほとんど知らないかもしれません。

頭に浮かんだ人物を研究するひとつの方法として、その物語を1〜2ページにわたって書いてみましょう。あるいは、テープに吹き込んだ方がやりやすい人もいるでしょう。あなたの書いた物語は実際の伝説やおとぎ話の筋書とは違っているかもしれません。しかしここで重要なのは、それがあなた自身のバージョンの神話だということ、しかもできるかぎり思いつくままに書かれたり、吹き込まれているのが大切です。

あなたの『個人の神話』を書き終わり、吹き込み終わったら、それを注意してよく見て、またはよく聞いてみましょう。主なテーマに注意してみましょう。そして自分の人生で、パターンが現われていないかを自分に質問してみましょう。

二つめに注意したいのは、『個人の神話』に登場するすべての人物は、夢に出てくるすべての登場人物やシンボルと同じように、あなたの心のなかの何かを表わしているという点です。それぞれの登場人物は、あなたが自分自身について持っている観念を表わしています。普通は英雄的な人物に自分をあてはめるものですが、時にはシャドウである悪者に自分をあてはめることもあるでしょう。それもまた自分自身についての中心的な観念です。

### ◆あなたの『個人の神話』を癒す方法

次のどの方法を使うこともできます。

① ヒーリングまたはギフト、恩恵のカードから一枚のカードを選ぶ。そのカードについて読み、それをこの問題の解決策としましょう。

② あなたのハイアーマインドにこの問題をゆだねます。あなたのあらゆる問題を簡単に癒すのがハイアーマインドの仕事です。

③ 『個人の神話』が癒されることをあなたが選択します。自分に一定の期限を与えましょう。今日中でも、今週中でも、これだけの時間があれば解決できると信じられるだけの長さの時間を選びましょう。奇蹟でもなければだめだと感じるならば、奇蹟を願いましょう。ひたすら、このことが癒されることを選択しつづけましょう。もうこれで足を引っぱられることがないように、そしてあなたが自由になれることを選択しましょう。

④ 『シャドー』（23番）に説明されている統合の方法を使いましょう。あなたの神話の登場人物全員と、あなたの心の中の深い精神的な傷を感じる部分とを統合しまし

ょう。また、登場人物全員と深い傷を感じる部分とを、あなたのハイアーマインドと統合することもできます。『個人の神話』の人物があなたと統合されると、こんどはその人物のすばらしい性質への承認や賞賛のごほうびが役割の方に行くことなく、あなたが受け取ることができるでしょう。

⑤　この問題が始まったのは、あなたが生まれる前か、生まれた時か、生まれた後かを自分に質問してみます。そしてセンタリングの方法を使って、その経験全体をリフレイミング（書き替える）します。『先祖代々伝わる問題』（17番）で2番目に使われた方法を参照のこと。

# 19

## SHAMANIC TEST
## 試練

**このカードの意味：**次のレベルにいくための大きなチャレンジであり、新たな意識のレベル、ヴィジョンやパワーへの飛躍のチャンス。

『試練』（シャーマニックテスト）とは、私達自身が作ったチャレンジです。そこにはネガティブな力を使い、それを統合して、より高いレベルの意識や、パワー、ヴィジョンに跳躍する機会があるからです。この状況で失敗してしまうと、それを悲劇だと感じます。あまりにもひどい痛みなので、心臓がえぐられる様な感じさえするでしょう。生きるか死ぬかの状況にもなりかねません。また必ずしもネガティブな状況ではなくても、危険な状況であったりすることがあります。この機会に失敗してしまうということは、今までの人生で築きあげてきたものを失うことを意味します。『試練』の体験は、古い自分の死です。まったく新たなレベルに前進することもできるし、そこでつぶれてしまうこともあります。テストに失敗すると（また過去に失敗した時も）、その痛みを心の奥深くに埋め込んでしまいがちですが、それでもそこからネガティブな影響を受けるのが普通です。しかし今からでもそのレッスンを学び、テストに合格して、状況を変容させ、成功の見返りをすべて受け取る機会はあるのです。最初の時にテストに合格しなかったとしても、テストは今でもずっと続いています。

## このカードが出たら

過去の状況についての質問をした時にこのカードが出てきたら、あなたが過去にテストに失敗した可能性が大きいのです。普通はその痛みに耐えかねて抑圧し、記憶を心の奥に埋め込んでいますが。もしあなたが今そういう状況の真っただ中にいるならば、深層意識のエネルギーが働いて、この状況がもたらされていることを心にとめておきましょう。

始めに、このチャレンジはチャンスだという見方をしましょう。ここで成功する道は必ずあります。そして成功すれば新しいレベルのヴィジョンと誕生、愛、創造性、サイキック能力、芸術性やヒーリング能力に到達できるのです。また全く新しいレベルの人間関係がもたらされることでしょう。

### 『試練』のカードを指ではじき飛ばしてみる

このカードはセルフ・セラピー・カードの中でも、指ではじき飛ばしてみるとまた特別な意味を持つもののひとつです。このカードを受け取ったなら、親指と中指の間にはさんではじき飛ばしてみましょう。

表が下になったら、あなたが次の高度なレベルのテストに直面しているということを意味しています。それは『試練』と同じ力を持ちつつ、さらに高いレベルのものです。このテストに失敗すると、まるで世界が崩壊したかのような感じがするでしょう。ことに高度なレベルのテストの場合は、大いなるものの導きを求めることが大切です。あなたの存在の中心に戻り、あなたを通して天の恩恵が降り注がれることをお願いしましょう。普通このような状況では、自分の力だけでは何をしても多分うまく行かないでしょう。しかし、天の助けを借りれば、あなたを通じてどんなことでも可能になるのです。あなたが「これをしたらいい」と直感的にひらめいたことは、何でもしてみましょう。

シャーマニックテスト（試練）もさらに上の高度なレベルのテストも、あなたの内面から出現してくることが多いのです。あなたが過去にそのテストに失敗した時の記憶や、さらには太古の記憶からも湧き上がってくるのです。痛みが今再び浮上しているのは、今の自分にはそれに成功するだけの力があると感じていればこそなのです。

気づきをもって大胆に冒険し、自分のすべてを与えつくすこと。そしてハイアーマインドの助けを求めること。インスピレーションが浮かんできた時に積極的に耳をかし、自分のすべてをここに賭ける。そうすればあなたはシャーマニックテストやさらに上の高度なレベルのテストにも見事に合格できるでしょう。そしてあなたの意識は新たなレベルに到達できるのです。さらにそれを自分のためだけではなく、周囲の人達のためにも活用することができます。芸術面でも、ヒーリングによっても、またそこから生まれる他の手段によっても、人に奉仕することができます。あなたが今このテストに直面しているということは、あなたの心の気づきを持っている部分が、成功できると信じたからに違いないのです。頑張れ！

# 20

## OTHER LIVES
## 過去世

**このカードの意味：**その人の人生のパターンで、（実際にも、また比喩的な意味でも）『過去世』や、同時世、未来世などの今世以外の人生に原因があるように見えるもの。

あなたが前世を信じているならば、この章は文字通りに受け取れるでしょう。もしあなたが前世を信じていないならば、これからの章は比喩的に、マインド（意識）や魂が現在進行中の旅について語る物語として理解してください。

夢では現実に起きていることが比喩的なパターンで描写されますが、無意識から浮かび上がってくる物語もまた同じです。『過去世』のカードは重要なパターンを現わしています。もしそれが癒された時には、その人の人生に大きな影響をおよぼし、失われていたものが蘇るでしょう。このレベルの意識が物語るストーリーには感情的な痛みや、罪悪感や恐怖心の大きなかたまりが含まれていることがあるのです。

## このカードが出たら

もしこのカードを引いたならば、あなたを止めている原因は、自分で思っているよりもずっと深いところにあるかもしれません。

しかし、あなたにできる解決方法は沢山あります。

① あなたのハイアーマインドに頼んでこの問題を癒してもらう。

② 眠りにつく前に、あなたを止めていたり、足を引っぱっているものについての物語を夢で見ることができるようにお願いする。

③ 今世以外にも人生があるという観念を持っている人には、以下の直感的な質問が大変役に立つでしょう。ただ質問をしてみて、頭にぱっと浮かんでくる答を聞くだけでいいのです(過去世を信じない人は、まっすぐ④へ進む)。

＊今世以外の人生で私が住んでいた場所は、今は何と呼ばれている国でしょうか？　それは…………。

＊それは『過去世』か、未来世かそれとも同時世でしょうか？　それは多分……………………。

＊もしわかるとしたら、私が生きていたのはいつごろの時期だったのでしょうか？　それは多分…………。

＊わたしは男だったのか、女だったのか？　私は多分…………だった。

＊その人生でどんなドラマチックな出来事があって、それ

が今の私を止めているのでしょうか？　それは多分…………のようなこと。

＊そのことがどのように今の私の人生に悪影響を与えてきたのでしょうか？　それは多分…………というかたちで影響しているのでしょう。

＊私があの人生で学ぼうとしていた肯定的なレッスン（教訓）は何だったのでしょうか？　それは多分…………についての学びだったのでしょう。

＊私があの人生で与えようとしていたギフト（才能や贈り物）はいったい何だったのでしょうか？　それは多分…………というギフトだったのでしょう。

④　この問題のルーツを説明するような物語を思いつくままに想像し、作り上げてみましょう。あなたの心が紡ぎ出す物語がたとえどんな内容でも、判断したり、あれこれ考えて非難したりせずに終りまで耳を貸しましょう。それから次に書かれているように、センタリングや、その状況に恩恵をもたらす方法によって、あなたの物語を変容させましょう。

あなたの物語ができたら、それについて熟考し、そこで見えてきたネガティブなパターンや問題を変えましょう。あなたのハイアーマインド（またはキリスト、ブッダ、モハメッド、ダビデ王、シバ神、観音など、あなたが呼びかけたい存在なら誰でもよい）に頼んで、その問題が起きた以前の時にもどり、あなたとその他の人達全員が、それぞれの存在の中心に戻れるようにお願いしましょう。

センターとは存在の中心です。平和で純粋無垢な場所であり、天の恩恵を受け取ることができる場所です。恩恵によってそこに関係している全員の状態が癒されるでしょう。物語の登場人物が、あなたをふくめて全員それぞれのセンターに戻り、そこに天の恩恵が降り注がれると、全く新しい場面や状況が出現するでしょう。

⑤　このパターンを変えるもうひとつの方法は、ハイアーマインドに頼んでその物語の中に入って（あの時の人生に戻って）もらうことです。そしてその問題が起きる以前にその人生を変容してもらうのです。そうすれば自由でポジティブで、全員にとってうまくいくようになるでしょう。それから、その変容と知恵と癒しを今の人生に持ってこられるように助けを求めましょう。

# 21

## DARK STORY
## 暗いストーリー

**このカードの意味：** その人が書いているネガティブなシナリオで、それが人生を動かしたり、悪影響を与えたりする。

一生の間、「無意識」はその魂の旅路を物語っています。無意識はシンボルや、アーキタイプ（原形）、神話によって語られます。なぜならば、人間は物語を語る生き物なのであり、自分の人生で物語を語っているからです。私達は自分がどんなタイプのストーリーを語りたいのかを選択します。

幸せなストーリーや癒しのストーリーを語ることもできます。反対に、死のストーリーを語ることもできるのです。

私達が語っている主なネガティブなストーリーは以下の通りです。悲劇、罪悪感、復讐、殉教者、メロドラマ、悪夢、被害者、ハートブレイク、マーベリック（はぐれ者）、自立、怖れ、かんしゃく。

## このカードが出たら

以下はあなたの人生のストーリーについて、自分に聞いてみる質問です。

＊私の人生を一冊の本にたとえるとしたら、その書名は何でしょう？
＊わたしの人生を映画にたとえるとしたなら、その題名は何でしょう？　（私達は脚本家であり、プロデューサーであり、監督であり、スターであり、また物語のすべての脇役でもあります）。
＊私の人生の映画は、自分で観ているうちに退屈して眠くなるような映画でしょうか？　途中なのに立ち上がって外に出たくなってしまうのはどの場面でしょうか？　それとも上映時間のほとんどを外のトイレや休憩室ですごすような映画でしょうか？

あなたがこのカードを引いたということは、何らかの意味で『暗いストーリー』の罠にはまっているのです。

＊ネガティブな種類のストーリー（悲劇、罪悪感、復讐などなど）を一枚の紙ごとにひとつずつ書きます。
＊その紙を折って、ボウルなどの容器に入れます。
＊あなたの足を引っぱって進めなくしている一番のストーリーを選べるように、あなたのハイアーマインドに頼み

ます。どれであっても、それはあなたの中核をなすパターンであり、あなたはそれを選択し、その脚本通りに生きているのです。ストーリーは勝手に起きているように見えますが、実は何らかの目的があって、あなた自身がそれを選んだのです。その目的はいったい何なのかを、自分に質問してみましょう。

あなたが選択すれば、『暗いストーリー』は変えられます。マインド（心、意識）の力を使って自分が何を欲しいのかを新しく選択することができるのです。そしてそれを選択しつづけるのです。昔からの『暗いストーリー』がほんの少しでも出てきたら、自分で自分にこう言いましょう。「私はこれはいらない。私が欲しいのは…………だ」　どんな『暗いストーリー』にも、あなたにはそれを書いている目的があります。自分に質問してみましょう。

＊　私がこんなストーリーを書いている目的は何でしょう？
＊　このストーリーの見返りとして私は何を得られるのでしょう？
＊　私は自分のどういうところを隠すことができるでしょう？
＊　このストーリーを生きているかぎり、私はどんなギフト（才能や贈り物）やチャンスを隠したままでいられるのでしょうか？

＊　このストーリーがあることで、私にできることは何でしょうか？

あなたのハイアーマインドに頼んで『暗いストーリー』を変容させて、あなたにとってより真実の本物のストーリーに変えてもらいましょう。それはあなたがありのままの自分を表現できるようなストーリーです。あなたは幸せなストーリーや、ラブストーリー、癒しのストーリー、英雄的なストーリー、冒険物語や魂の旅のストーリーを選ぶことができるのです。

# 22

## VALUELESSNESS
## 無価値感

**このカードの意味：**自分には価値がないという気持で、罪悪感と関連している。補償行為をして、この感情を感じないようにすることが多い。

『無価値感』は無意識の中心的な感情です。それは苦痛のあまり自分にはまったく何の価値もないと感じる気持です。『無価値感』は罪悪感と密接に関連しています。この感情が出てくる原因の多くは、子供時代の家族のトラウマ（精神的外傷）的な出来事にあるのです。それがまるで自分のせいであるかのように自責の念をもち、自分の中心であるセンターをはずれ、犠牲的な行為をするようになったのです。しかしそうしたところで『無価値感』は強まるだけなのです。

私達は普通この感情を感じたくないと思っています。その結果実用的でよく働く人になり、自分が単なるお飾りではなく、役に立つことを「証明」しようとします。ところが、こうやって自分の価値を「証明」しようとしても、自分ではほとんど何の見返りも受け取れません。何かを受け取ったとしても、重労働のストレスですべて消えてしまいます。人が一生をかけて重労働して役に立つ事をしても、生涯の終りにはすべてが無価値だったと感じることはよくあるものです。

## このカードが出たら

このカードを引いた人は、現在の問題や状況は、『無価値感』が中心的な原因ではないかと見直してみましょう。

また、自分がこの感情を感じないですむためにしている「償い」をさがしてみましょう。いずれはこの感情に直面しなければならないのですから。このカードが出たら、しばらく一人静かに座り、「天は私の価値をどのように見ているのですか」と尋ねてみましょう。あなたのハイアーマインドは、あなたの価値について何と言っているでしょうか。

『無価値感』をもたらした過去の状況は何だったのかを、直感的に質問してみましょう。あるいは現在でもまだ感じているかもしれません。いずれの場合も、自分がその場面にいると想像してみましょう。そしてあなたの中にある光が、その場面にいる全員とつながるのを想像しましょう。ハイアーマインドに頼み、平和で純粋無垢なあなたの存在の中心につれ戻してもらいましょう。

センターにいる時には、あなたを通して天の恩恵が降り注がれ、その状況が癒されていきます。ハイアーマインドがかわりにやってくれるので、あなたはただ見守ってさえいればよいのです。癒しが起きた時には、安らかな感じがするでしょう。

ただし、簡単ではなかったり、安らぎ感がまだ完全でないと感じるかもしれません。それは、あなたが再びつながった出来事よりも以前に、別のトラウマがあるということです。それこそが癒されなければならないのです。ありとあらゆる誤解や問題の核心にあるのは、「自分は人とつながっていない」という分離感です。そこでふたたびつながれた時にはその問題もまた癒されるのです。

# 23

## THE SHADOW
## シャドー

**このカードの意味**：自分に関するネガティブな観念が抑圧されて、外に投影されたもの。しばしばその反対のイメージによって補償しようとする。

『シャドー』とは、暗く、邪悪にさえ見えるエネルギーであり、潜在意識から出てくるものです（また無意識層から出てくる『シャドー』である「暗いアーキタイプ」もあります）。

これは実際のところ自分に関する観念であり、自分の一面なのです。それが長い間心の中に抑えこまれていたのです。

しばしばこの部分は、表面的に「いい人。やさしくて善良だが、ダイナミックさがなく、死んでいる感じの人」という薄皮をまとって隠されています。その下の無意識層には、「ひどく、邪悪で、陰険で、残酷で、冷酷な人殺しであり、人を拷問にかける暴君」という観念体系があるのです。それが観念体系であるため、あたかもそれが真実かのように見えるのです。

「いい人、やさしくて、善良だが、死んでいる感じの人」というのは、暗い観念に対する防衛なのです。さらにその暗い観念もまた真の善、つまり私達の内なる光を怖れての防衛です。そうなると『シャドー』も実際は善の部分、私たちの中の「神の子」の部分を抑制するためのものなのです。

幸いにも、他の問題や対立と同じように、この問題からも簡単に抜け出すことができます。

## このカードが出たら

このカードを引いた人は、自分に関するネガティブな観念体系を心の中に押し込んで、おそらくその観念の存在すら否定しているに違いないのです。

しかもその部分はあなたに悪影響を及ぼし、自分自身を罰しているでしょう。

いつもそうだとは限りませんが、周囲の人や、過去や現在の世界的な人物の中に、この人にはどうしても我慢できないという人や、ネガティブな感情や憎悪すら湧き上がってくる人がいるに違いありません。

それはあなたの中に観念があり、それが心の中に押し込まれ、否定され、抑圧されているという証拠です。

『シャドー』を見つけるひとつの方法は、自分の周囲の人の中に、この人には耐えられないと思う人を見つけることです。あなたはどこかで、自分もまたその人のようだと信じています。あなたはかつて自分の感情を非難し、抑圧し、否定しました。それが最終的に外に投影されているのです。

同時に、自分はそういう人間だという観念のために、自らをいじめ続け、外からも罰せられる場面を作り続けてきたのです。でもそれは間違っています。

普通、自分はこうだと本当に信じている観念とは、反対の行動をとって補償しようとします。

補償のための行為は一見大変良いことで、役に立つことのように見えますが、実際は役割の一種であり犠牲です。だからあなたは与えるだけで、自分では何も受け取れません。なぜならば、努力の報いは自分はこんな悪い人ではないということを、証明する方に行ってしまうからです。

『シャドー』を見つけるための質問を、自分に対してしてみましょう。

＊「歴史上の人物、伝説やおとぎ話や神話の人物のなかで、私がこの人にだけはなりたくないと思う人物は誰でしょう？」

そこで頭に浮かんだ人物や、その人物をもっとも良く表わしている性質や特徴、エピソードは、実はあなたが自分自身について持っている観念です。このことも意識の中では否定され、防衛されているのが普通です。しかし、それでもなお私達はその影響を受けているのです。そこで自分に罰を与えようとして欠乏状態や、健康の不調、その他のトラブルをもたらすのです。

これを癒すひとつの方法は、

① あなたの中の「いい人、やさしくて、善良だが、死んだような人」の部分を片手の中におき、もう一方の手の中に『シャドー』の部分をおいたと想像してみます。

② 心の中でそのふたつが光になり、宇宙のもっとも基本的な形であるエネルギーに変わるまで溶かします。

③ それから、その二つのエネルギーをひとつに合わせましょう。ひとつになったら、両手の指と指を組み合わせます。

④ 新しくひとつになったエネルギーを片方の手の中におき、今度はもう一方の手の中に真の善があると想像します。

⑤ もう一度それらが溶けていき、もっとも基本的な形である光とエネルギーになっていることを想像します。

⑥ そしてそれをひとつにつなぐのです。

### カードを指ではじいてみる

このカードを引いた人は、親指と中指の間にはさんで、はじいてみてください。表が上になったときは無意識層が関連し、表が下になったら潜在意識層に関連しているとみることができるます。

無意識層の要素がある場合は、長い間持ち続けている自分についての間違った観念や、魂のレベルにある観念が問題だと言えるでしょう。表を下にしてカードが落ちた場合は、潜在意識層にあるネガティブな観念であり、たいていの場合は子供時代に始まったものです。そしてあなたの世界の中の誰かに『シャドー』は投影され、とても我慢できない人、大嫌いな、いやな人、絶対に一緒になりたくない人となって表われるでしょう。

その人たちの嫌な性質は、実はあなた自身がそうであると信じている性質です。しかしその観念は抑圧され、観念を隠すためにそれとは反対の行為をして埋め合わせているのです。

ただしそういった観念は隠れていてもなお、自分に罰を課すものであり、破壊的であることには変わりありません。『シャドー』の存在を示すもうひとつの特徴は、一生懸命頑張り、やっていることはすべて正しいはずなのに、どうしても頭打ちで伸び悩んでいる場合です。それはあなたの意識の中に『シャドー』が存在しているという確かなしるしです。

# 24

## MEANING LESSNESS
## 無意味感

**このカードの意味**：エゴの世界の失望。エゴとハイアーマインドの戦場。

物事にも自分自身にも何の意味も感じられないという『無意味感』は、高次の霊的な状態をブロックしている罠です。『無意味感』は、実際はエゴとハイアーマインドとの戦場なのです。そして悟りや大きな問題解決の直前に立ちはだかっていることが多いのです。

高次の霊的な視点から見ると、『無意味感』とは「実際はこの世には何の意味もない」という認識です。そこでエゴは私達を誘惑して道をはずさせ、世界には意味があるということを見せようとします。「さあこっちへおいでよ！こっちへお上がり！　世界最高の見世物が始まるよ！　余興を見においでよ！　面白いものがあるよ。ここにくればずっと楽しいよ！」

もちろんこんなものは本当ではないから、あなたはやがては再び『無意味感』の経験に引き戻されてしまうでしょう。そして今度は世界そのものへの失望から、『無意味感』を味わうでしょう。ただし『無意味感』は実は覚醒や悟りにとても近い所にあるのです。エゴによる物事の意味を捨てれば、何が本当の意味を持ち、何が自分を支えてくれる力があるのかが見えてきます。

## このカードが出たら

このカードを引いた人は、自分にとって世界の意味のあるもののうち、いくつがが奪われてしまったことを示しています。

すべてが灰と帰してしまった『無意味感』と、それがもたらす苦悩は大きなチャンスにもなりえます。『無意味感』を感じたまま一生を終わる人も多いのですが、一方で『無意味感』は意識が最大の進歩をとげるチャンスのひとつにもなるのです。

『無意味感』を経験している時には、数分間の時間をとり、目を閉じてハイアーマインドに質問してみましょう。「私のもつ意味は何ですか？」

そこで浮かんでくる言葉は、かなり単純かもしれません。しかしその言葉は天の恩恵とともにやってくるので、同時にその言葉の意味するものを経験するでしょう。たとえば「幸せでいなさい」という言葉を聞いたなら、とても幸せな感じがするでしょう。

他にもふたたび自分とつながる方法があります。ひとつは『無意味感』を突き抜けて、愛につながること。または手をさしのべて、誰かを助けること。これもまた、より高いレベルの意識につながることができます。ただし『無意味感』にどっぷりつかっているときは、エゴによって「そんなことをしても意味がない」と感じて行動できなくなることもよくあります。

エゴとハイアーマインドのこの戦場にいる時には、そこから出られるように、そして次の一歩を踏み出せるように、ハイアーマインドに頼むことができます。

# ヒーリングカード群

## No. 25〜32

〔緑〕

このカードが表わすのは、罠を乗り越え、障害を取り除き、人生に流れを生みだす癒しの原則です。

自分から積極的に使うこともできるし、ハイアーマインドに頼んで、私達に代わって使ってもらうこともできます。

# 25

CHOICE

# 選択

**このカードの意味**：あなたの観念を生みだす源。マインドの持つ最大の力。

『選択』とはマインドの持つ最も強力な道具です。どんな人間関係を持つのか、成功を経験できるかどうかは、意識の深い所の『選択』の力によって決まります。

思考や、観念、感情や行動もまた『選択』の結果です。言い替えれば、どんな『選択』をするかによって自分で自分の経験を決めていることになるのです。そして何が起きてくるのかも、その『選択』の結果です。

このことに気づくと、より良い『選択』をし続けることができます。起きている出来事に対する姿勢を意識的に『選択』できる力によって、悲劇が英雄的行為に変わり、大惨事を悟りをもたらす経験に変容させることもできるのです。

## このカードが出たら

このカードを受け取った人は気づくべきです。あなたを前進させるのは、欲しいものを『選択』することが出来るという明確な力なのです。今起こっていることが気に入らなかったり、自分が望んでいないことが起きていると思うなら、別の『選択』をすることがが出来るのです。

次の言葉を使うと役に立つでしょう。

＊「これは間違いだ」
＊「これは私が望んでいることではない。私はこんな痛みや、喪失の悲しみや、ストレスや、惨めさはいらない」
＊「わたしが欲しいのは、…………です」（できるだけ明確に、正確に述べること）。

自分の観念や、思考や、感情や行動、状況が嫌ならば、それを『選択』によって変える責任は自分自身にあると気づきましょう。「いったい何を『選択』したらよいのかを示してください」と、お願いすることもできます。天の恩恵を『選択』することもできます。ハイアーマインドにすべてを任せると『選択』することもできます。ミラクルを求めると『選択』することもできます。

慢性的な魂のパターンによっては、ネガティブな観念が何千もの層になっていることもあります。その場合でも、ひとつ『選択』すれば、少なくともひとつの層が癒されます。時には多くの層や、すべてが一度に癒されることもあるのです。

# 26

## FORGIVENESS
## 許し

**このカードの意味**：自分自身の内なるひそかな罪悪感を解消すること。間違って責めてしまったことを謝ること。本当に理解すること。再びつながること。前向きに与えること。

『許し』も、癒しの原則の中心的なものです。『許し』とは、自分を『許す』ことです。

世界が自分自身のマインド（意識）を映し出す鏡だとしたら、つまりあらゆる責めや非難が、自分の罪悪感や自己攻撃を外に投影したものならば、人を『許す』ことによってその人と共に自分自身の潜在意識的な罪悪感もまた解放されるでしょう。

罪悪感とは実はある種の傲慢さです。ミスをしてもそこから教訓を学び、ミスを訂正して先に進めばよいのに、人生において自分のことだけしか見えなくなってしまうのです。

『許す』ことによってはじめて、物事を本来の視点から見ることができ、自分は悪くはなかったのだと思えるようになります。再び人生が流れに乗り、楽で自信のある人生になります。
『許し』とは、自分が競争に勝って相手を負かすことではありません。恩着せがましくなったり、優越感を感じることでもありません。そして人に憐れみを施すわけでもありません。それらは優越感（ひそかに非難して、罪悪感や自分は不十分だという気持から過剰に埋め合わせをしてしまうこと）と競争心（成功から目をそらして、次に一歩進むことを怖れていること）に他ならないのです。
　私達が『許す』ことを怖れるのは、ひとたび許してしまうと、犠牲的な立場や傷ついた状態から抜け出せなくなるのではないかと感じるからです。自分の恨みや怒りは当然のものだと感じ、それをとめるのは馬鹿だと感じているからです。
　ところが恨みとは、他人がしたことについて抱くのではなく、実はまだ自分自身を許していないことについて感じるのです。実際は自分の過去にしがみついて（相手を責めて）いるのです。
『許し』とは、簡単に言えば人ともう一度つながることです。自分が犯したと思った過ちを、人のせいにして責めてきたことを詫びることなのです。
　また、すべてが思い違いだったと認識することです。そのことで本当のことが理解され、そこには新しく癒された状態が訪れるでしょう。あなたが『許す』時、過去には与えられなかったものを、やっと与えることができるでしょう。それによってあなたは癒され、あなたが非難していた相手も癒されます。

あらゆる問題の中核にある力学のひとつは、そこで絆が失われているということ、人と人がつながっていない分離した状態です。罪悪感は人生の強力接着剤です。苦痛なパターンや状況とくっついてはなれられなくしてしまうのです。一方、『許し』はそれを溶かす溶剤です。

『許す』ことで私達は罪悪感から解放されるのみならず、引きこもった状態や、無価値感や犠牲、死んでしまったような活気のない気持でち、疲れきった状態、困難、停滞、無価値感や、過剰に埋め合わせをしようとすることなどからも救われるのです。私達をばらばらに引き離すものから解放された時に、再び人とつながることができ、その問題は解消します。

## このカードが出たら

このカードを受け取った人は、自分から『許す』気になることが重要だと理解しましょう。なぜなら、まずだれか一人を許さなければ、自分自身も含めてすべての人を許さないことになるからです。許さなければ、人と距離を作ってしまいます。一番愛している人との間にさえ、距離ができてしまうのです。

その状況を変える力は、実は自分自身の手のなかにあります。

『許す』という選択は、あらためて相手に向かって与えることであり、新たに受け取ることです。恨みを手放しましょう。そうすることで隠れた自己攻撃や、不自由さからも解放されるでしょう。自分ひとりだけで何事かをなそうと思ったら、『許す』のは困難です。自分を『許す』ことはさらにむずかしいでしょう。しかし、ハイアーマインドに頼み、『許し』を完了できるように助けを求めることができるのです。

美しい『許し』の実習は数多くありますが、天の恩恵によって『許し』がおきるに任せることもできます。自分や人を責めていては、本当のことがあいまいになってしまいます。真実を選択しましょう。真実を知りたいと心から求めましょう。『許し』が起きることを求めましょう。

『許す』は少しづつ起きるかもしれないし、一度に起きるかもしれません。つまり、ミラクルを求めることもできるのです。そうすれば、その状況全体に新しい光をあてて見ることができるでしょう。

# 27

## LETTING GO
## 手放す

**このカードの意味：**執着を『手放す』こと。過去の喪失や欲求を『手放す』こと。現在の視点を取り戻すこと。次のステップへ向けて積極的に心を開く。

自分一人で学ぼうとするときに、一番むずかしいことが許しだとしたら、二番目にむずかしいのが『手放す』ことです。もちろん「変わろう」、「なんとか出口をみつけて成功しよう」という意欲さえあれば、天の恩恵やハイアーマインドの助けを借りて、簡単に達成することができますが。『手放す』ことによって癒されるのは、執着やしがみつくこと、期待、ストレス、完璧主義などです。そのどれもが根底には、物事や、人や、自分が「こうあるべきだ」という、あるイメージや要求があります。そういう要求は、それがあれば欲求が満たされるだろうという考えです。しかしそれは常に失望や欲求不満をもたらします。なぜなら幸せのためのシナリオがいかにうまく書かれていたとしても、要求や欲求では成功しないからなのです。

欲求があると、手に入れようとしているものを密かに遠ざけてしまうものです。そして要求は反発され抵抗や犠牲を生みます。シナリオの成功を見極めるには、これまでの人生でどのくらい自分が幸せだったかを見てみることです。たいしてうまくいってもいないのに、なぜそれを人に押し付けようとして期待したり要求したりするのでしょうか？

過去を『手放す』と、新しい目標や方向性が現われてきます。以前に十分に満たされていたわけでもないのに、その過去にしがみついて（過去の人生に戻ることを要求しても）、とうてい勝ち目はありません。手放したからといって過去が失われたり、過去を捨てるわけではないのです。ただ過去を本来あるべき所に置いておくということです。そうすることでもう一度今現在を生きることができるのです。『手放す』ことによって解放されるのは、非難や恨み、罪悪感、喪失、欲求、そしてすべての執着やしがみつきの下に隠れている怖れです。『手放す』ことを選択すると、魅力は復活し、人生の道が開け進歩します。そうすれば次の一歩を進むことができ、新たな可能性やより真実の人生がもたらされるのです。

## このカードが出たら

このカードを受け取ったなら、いまだに誰かに（またはある人のどんな面や特徴に）またはある状況や過去の出来事にしがみついていることによって、前に進むことが止まっていないか見直してみましょう。『手放す』ことを達成するためには、苦痛の感情が消え去るまで感じきってみましょう。または、しがみついているものをハイアーマインドに渡して、手放してもらうことです。
『手放す』ことによって、過去に失った人やものを嘆き悲しむプロセスを完了できます。しがみついていてもうまくはいかないと認識したなら、「手放そう」と選択することがこのプロセスの核心です。
たとえば終わってしまった男女関係にしがみついていても、その関係には現在も未来もないのは確実です。ところが、『手放す』とまた魅力が出てきて、その関係が修復される可能性があります。またはより高いレベルでの新しい関係ができる可能性もあります。このカードを受け取ったなら、自分に何が必要だと考えているのか認め、成功のためにそれを手放すことが必要です。

# 28

## TRUST
## 信頼

**このカードの意味：**信念、自信、ポジティブな結果の方にあなたの意識を集中すること。

『信頼』とは信念であり、マインド（意識）の力です。特に最高のことが起きるようにマインドの力を使うことです。マインドはどの方向にも向かないということはありえません。たとえネガティブで、破壊的で、自分に不利な場合でも、マインドはどちらの方向にでも力を与えようとするものです。自分の創造性やマインドの力をゼロにすることはできますが、マインドを止めることはできません。それならば、人生が変化し癒される方向にマインドの力を使った方が良いでしょう。

『信頼』というのはとてもやさしい逆説です。ネガティブなものごとに『信頼』を置いてあげると、最善の方向に変化します。たとえば誰かを『信頼』できない人物だと直観的に感じたとします。自分の経験を否定したがる人や、未熟で世間知らずだったりすると、自分の気持を『信頼』せずに、すべては大丈夫だというふりをするかもしれません。しかし「何かがおかしい」と感じる自分の気持を『信頼』

することで人に伝えることもできるのです。なおかつ意識的に、マインドや『信頼』を積極的にその人物に向けるのです。そしてすべてのことが最高のレベルでうまくいくことをイメージして、感じて、信じていることです。そうすればたとえはじめはうまくいかなくても、状況はきっと好転するでしょう。幸福、豊かさ、愛や真実など、望むことが実現すると選択し、『信頼』するだけでよいのです。

『信頼』はコントロールを癒します。（コントロールは、自分を守るための防衛です）。また怖れや、その下にあるハートブレイクをも癒してくれます。自分や人が傷つかないように、すべてを自分の手に握りしめていたいという欲求も『信頼』が癒してくれます。二つの違うものを望んで心の中に葛藤があり、片方を失うのを怖れて前に進めないでいる時にも、『信頼』さえあれば癒されるのです。

## このカードが出たら

『信頼』するとバランスと自信が回復します。『信頼』があるところには成功があります。周囲の状況が癒され進展し変容するように、今日はマインドの力を積極的に活用しましょう。人を『信頼』することを学びましょう。プロセスが展開していくのを『信頼』しましょう。そうすれば今日は途中で停滞することがないでしょう。

神を『信頼』し、自分を『信頼』し、重要なパートナーを『信頼』しましょう。『信頼』によって幾重にも重なる防衛や、障害やコントロールが取り除かれます。『信頼』によって新たなものが誕生し、人生の流れが進展します。特定の問題から脱出するために『信頼』を使いましょう。なぜなら、『信頼』によって自信と意欲が回復するからです。

# 29

## COMMUNICATION
## コミュニケーション

**このカードの意味**：自分の気持を明確にし、分かちあうこと。共通の癒しの要素を見つけるために橋をかけること。

『コミュニケーション』によって信頼が修復され、とても和解できないようにみえた相手との間に、橋がかかります。「癒しのコミュニケーション」の85%は、自分の立場や、気持や、考えを明確にすることです。ほとんどの問題は誤解にすぎないからです。

『コミュニケーション』は退屈さや倦怠感をも癒します。今まで遠慮して伝えてこなかったことを分かち合うだけで、その関係にわくわくする感じが戻ってくるのです。

　どんなに対立した関係であっても『コミュニケーション』によって相互に共通の要素や共通した感情が見つかり、人と人がお互いにつながれます。変容をもたらす『コミュニケーション』によって、人は自分自身を癒して共に前進できるのです。

## このカードが出たら

このカードを受け取ったなら、真実の『コミュニケーション』が、成功への道を与えてくれることを理解しましょう。

以下は変容をもたらす『コミュニケーション』の簡単な原則です。

＊自分の目標を設定し、『コミュニケーション』をする目的を知ること。人はあなたの欲求を満たすためや、あなたを幸せにするために存在しているわけではないことを認識しましょう。そういう期待感を持つと大きな痛みの原因になるし、どんな人間関係でも最大の間違いのもとです。
＊あなたが不快感を感じていることについて分かちあい、自分の感情や体験に責任をもちましょう。あなたの感情を変えられるのはあなた自身なのです。人を責めていると、そこで『コミュニケーション』は止まってしまいます。そしてついスケープゴート（生け贄）を探そうとしてしまうのです。こういう事態になると誰も先に進みません。
＊自分から相手を攻撃するのをやめれば、相手も『コミュニケーション』をする気になることを覚えておきましょう。「あなたとちょっとお話したいの」と言いながら、本当は「あなたがどんな間違いをしたのかを言ってあげるわ」という意味ならば、あなたが口を開くたびに攻撃していることになります。それでは『コミュニケーション』はなりたちません。

＊相手に不快感を向けるのではなくて、自分が今感じている気持を伝えましょう。自分の感情は自分に責任があり、相手が悪いのではないという立場に立って話すのです。自分の感情について話しながら、古い感情や前によく感じたことのある感情が表れてきているかどうかを見極めましょう。もしそうなら、ネガティブなパターンが以前からすでにあったということです。この感情が元々は別の時や場所に始まったものかもしれないことを話し、似たような状況の記憶があったらそれを分かち合いましょう。『コミュニケーション』の効果性を保つためにも、自分の物語を話すのではなく、感情に的をしぼって、それを重点的に話すようにしましょう。

＊あなたが言ったことで相手が大きな痛みを感じはじめるかもしれません。その場合は、まず相手を助けましょう。相手が「完了」してから、あなたが話していたことに戻るようにしましょう。

この『コミュニケーション』をしている間は、感情に対して新鮮な姿勢で向かいましょう。感情を誇張もせず、無視もせずに、自分の感情を進んで感じましょう。誇張するのは感情面で人を操ったり、脅迫しようとするようなものです。本当に感じていることを避けていることになります。それをすると相手の方は、今以上にはあなたの感情とつながりにくくなり、『コミュニケーション』は中断されて失敗感が強まってしまいます。

人間関係において、片方がひどい気分だと、お互いがその感情を感じているものです。ただし高い気づきを持っていないと、どちらか一方だけが感じていると意識してしまうのが普通です。その人がその感情から逃げ出そうとしたり、いやな気持を相手にわたそうとすると、争いになります。嫌な感情を自分自身のものとして受け止めましょう。そしてそれが消え去るまで感情を感じきるのです。他の方法を使うこともできますが、二人のためにその感情が快適な感情に変容するまで感じきってみましょう。そうすれば相手の賞賛を勝ち取ることができるのです。前に進もうとするあなたの意欲で、ふたりとも一緒に前に進めるのです。

＊相手の感情や体験にも、自分のそれと同じように責任をもちましょう。世界は自分の意識を写し出す鏡だと考えて、相手の感情や体験も、自分のマインドの一部だという見方をしてみましょう。相手がしていることで、あなたが嫌だと感じることは、自分が普段自分自身に対してしていることか、または人に対してしていることであることに気づきましょう。

＊あなたがつらい経験をしていたなら、ハイアーマインドに助けと恩恵を求めましょう。自分の力だけで、何とかしようとすればするほど困難になることを知っておくべきです。「こんな惨めさよりも、平和や幸福を感じることもできるはずだ」この選択をし続けると、状況が全く新しい展開をし始めるのに気づくでしょう。

*あなたの方から相手やお互いの関係についてのポジティブな気持を伝えて、安心させてあげる努力をすることです。愛と信頼の言葉を伝えて安心させようとしても、底無しの井戸に消えてしまうようだったり、相手が無視したり、あなたの言うことを聞いていないように見えるかもしれません。しかしそこであきらめないことです。相手はかならず聞いています。あなたの安心させてあげる言葉が大きな違いを生みだすのです。
*恨みの気持が邪魔をするのを許さないこと。たとえ恨んで当然だと感じたとしても、かえってあなたが痛い目にあうでしょう。物事の成り行きについて完全に自分の方が正しいとすると、現在の状況が全く変わりようがなくなってしまいます。「自分はもしかしたら間違っているかもしれない」ことを進んで受け入れてみましょう。そうすれば、幸せな状態になっていけるのです。自分の怒りにとらわれることがなければ、癒しを見つけることができるでしょう。そしてすべてのネガティブなものの影に隠れているギフト（才能、贈り物）やミラクルを見つけることができるでしょう。
*最後に、パートナーへの感謝の気持を行動や言葉とタッチによって表わすことを忘れないようにしましょう。感謝は愛の入り口です。感謝の気持が流れと前向きの動きを創りだしてくれます。

# 30

## TRUTH
## 真実

**このカードの意味：**自由や、簡単さ、コミットメント、つながり、喜びへと導く原則。

『真実』は私達を前に導き、道を示してくれます。『真実』はものごとをはっきりと明確にして、知っているのに知らないふりをすることの不正直さを癒してくれます。『真実』はパートナーシップの道を開き、あなたが受け取れるように門を開いてくれます。『真実』によって、活気のない死んだような状態や、義務や役割という偽善などから解放されます。『真実』は物事をあるべき状態に整え、適切な人間関係や適切な物の見方をつくりだします。『真実』は常に本当に大事なものとそうでないものとを区別しつづけます。

『真実』は幻想を突き刺すので居心地が悪いこともあります。しかし、切り離すことによって後からのより大きな痛みや幻滅にあわずにすむのです。『真実』は私達を解放し、結びつけ、光と自由をもたらしてくれます。その意味では、究極的に喜びにならないものは『真実』ではないのです。そこで『真実』は不活発さや痛みや惨めさを撃退するために使うことができます。何かが喜びに満ちていない時にはいつでも『真実』を求めましょう。『真実』を選択しましょう。『真実』を愛しましょう。『真実』があなたを解放し、故郷への道を見せてくれるのです。

## このカードが出たら

このカードを受け取ったなら、次の声明を使ってつらい状況を変えることができます。

＊「この気持や状況は『真実』ではないと認めます」
＊「私は『真実』が欲しい。私は『真実』を選びます」
＊「これのかわりに喜びをもつことができます」

今日あなたが『真実』を選択すれば、自由が訪れるでしょう。

# 31

## JOINING
## つながり

**このカードの意味**：ふれあいを再び作ること。パートナーシップ。共に勝つ状態を達成する。ひとつの解決をみつけること。

人と人が『つながる』ことによって、ばらばらに離れている状態が癒されます。そしてどんな問題にも、その中核の原動力として、つながっていない分離状態があるのです。ふれあい、『つながり』があればこそ成功できます。反対に引きこもってしまうと成功はできません。引きこもるのは恨みと痛み（隠れた痛みも、そうではないものもあります）のせいで人生から一歩引いているということです。あなたが一歩引いている分、犠牲を払っていることになります。つまり与えているのに、自分は何も受け取っていないのです。

そこで『つながる』ことによって引きこもりから抜け出すこともできますし、そして成功していない状態や、罪悪感、無価値感、怖れ、痛みからも抜け出せます。そして、もう一度世界とふれあいをもつことができるのです。

再び人との『つながり』を取り戻すことは、愛の行為であり、あなたから手を差し伸べることです。その時に『つながる』ことこそ真実なのですと気づくでしょう。

コミットメントをすること、与えること、統合すること、許すこと、受け取ること、信頼することで、そこに『つながり』が生まれます。そして自分自身が癒されるのです。『つながる』ことで相互関係が生まれ、次の一歩を踏み出せ、権力争いを避けて解決を見い出せます。お互いの助け合いにより、パートナーシップと成功が確実なものになります。

## このカードが出たら

このカードを受け取った人は、まず最初に人とつながっていない状態を終わらせましょう。そして今の状況の中でかかわりのある人達とつながる必要があります。あなたの恨みや隠れた罪悪感、非難やひそかな失敗感、怖れや痛みなど相手との距離を広げるものにとらわれることより、相手の存在の方をもっと大切にしましょう。その人に電話をかけたり、手紙を書いたり、訪問してみましょう。

もしそれができないなら、イメージの中であなたの方から相手に近づいて、『つながる』ところを想像してみるといいでしょう。相手に近づく一歩は、あなたの内なる敗北から抜け出し、パートナーシップをもって、相手と共に勝利していくための一歩です。『つながる』ことで、あなたが本当は一人ぼっちではないことを学びます。そしてどんな問題であっても解決法はいつもひとつ『つながる』ことなのです。

# 32

## LEADERSHIP
## リーダーシップ

**このカードの意味**：状況に対応できるヴィジョン。誠実さをかねそなえた抵抗しがたい魅力。自分の問題よりも、人のことを大切にすること。

『リーダーシップ』は、私のヴィジョン心理学の三つの中心的な原則のひとつです。それは「ア　コース　イン　ミラクルズ」に出てくる「天国はふたりずつ入るもの」という考え方に関連しています。『リーダーシップ』というのは、ヴィジョンをもち、抵抗しがたい魅力があって、なおかつ誠実さをもって状況に対応する力です。癒しの原則として、あなたが何かで止まっているときに、まわりには常にあなたを必要としている人がいるということを意味します。

自己攻撃におちいったり、罠にはまって自分のことしか考えられない時——人格（ペルソナ）により自意識過剰になり、恥じ入り、困惑し、屈辱心で傷ついている時——にも、あなたの周囲にはもっと助けを必要としている人がいるのです。『リーダーシップ』の原則は、最大の痛みでさえ癒すことができます。実際は次のようなかたちで働きます。

問題や痛みや、いろいろな種類の障害に阻まれて前に進めない時にも、自分にこう質問してみるだけでよいのです。「私の助けを必要なのは誰でしょう？」今そこで心に浮かんだ人のところへ行って援助することが求められているのです。そこで何を言うのか、そして何をするのかが必ずしもわかっている必要はありません。ただ自分を与えること、そしてその人に援助することだけでよいのです。そこで相手の人とつながると、あなたを妨害していたものが消えていくのがわかるでしょう。そしてまた相手の人を進めなくさせていたものも消えていくでしょう。あなたも相手も創造的な癒しの流れに乗れるでしょう。そこではあらゆることが努力なしに前に進むでしょう。その流れの中では、機会が訪れ、「すべてのいいものが自分のもとにどんどんやって来る」というわくわくと待ち遠しい気持が自然に感じられるでしょう。

## このカードが出たら

このカードを引いた人には、容易に前に進む方法があります。あなたがどんな原因で止まっていたとしても、少なくともそのひとつのレベルを簡単に抜けることができます。たとえそれが慢性的な問題や人生最悪の痛みであったとしてもです。慢性的な問題の場合はひとつひとつのレベルごとに解消されていきます。

あなたの助けを必要なのは誰なのかを聞いてみましょ

う。そして電話したり、手紙を書いたり、会いに行ったりしましょう。心に浮かぶ人に愛を送ってあげるだけでよいのです。その問題が二人の間にある壁だと思ってください。

そして、その壁を突き抜けて相手を援助しましょう。自分の苦しみにこだわるよりも、相手のことをより大切にするのです。どんなに道が妨げられていても、たとえ立ち上がれないほど打ちのめされている時でも、人を助けたい、救いたいという願いの方を大切にしましょう。相手を本当に援助したい、相手とつながりたいと思う時に、二人共前に進むことができるでしょう。あなたが何か言葉を言ったり行動をする必要があるならば、きっとそれは直感的にひらめくでしょう。内面的にも外面的にもオープンに敏感に反応するようにしましょう。

つながることは最も簡単な癒しのかたちです。あなたの人生の最大の障害も、最悪の痛みも、これで抜けることができるのです。

「この問題や自己攻撃や、自意識よりも、あなたの方をもっと大切にします。この問題があっても、あなたが助けを求めているのを見逃しません。二人とも自由になれるように、私の心をあなたにあげます。」

# ギフトカード群

## No. 33〜40

### 〔ピンク〕

ギフトカード群が表わしているのは、私達に与えられているギフト（才能、贈り物）です。そしてどの瞬間も罠ではなく、ギフトの方を選ぶことがでます。

黒やオレンジやブルーの罠のカードは、ギフトから目をそらせるための妨害にすぎません。ギフトカードは問題ではなく真実を表わしています。問題やうまくいかない状況は、自分をコントロールするためや、自分の才能を受け入れて前に進むのを阻むためにあるのです。真実から目をそらさないことを選択し、与えられているギフトを受容し、ひとつの出来事を肯定的に見ることで、どんな罠のカードをも簡単に変容させることができます。

# 33

## FREEDOM
## 自由

**このカードの意味：**コミットメント（〜をすると決める）と真実を追求し、『自由』というレベルに入る。幸せをもたらし、自分を完全に与える状態になる。

『自由』とはコミットメントと真実の両方から生まれる癒しの原則です。ギフトカードとして受け取ったということは、あなたに何らかのかたちで『自由』が与えられ、あなたを縛りつけていたものが無くなることを意味します。今日はあなたを邪魔しているものが無くなり、新たにひと息つける空間や、新たな明晰さや解放感が得られるでしょう。あなたが自分自身を与えたからこそ、今度は『自由』というギフトがやってくるのです。ということは、ストレスや心配、負担、トラブル、惨めさや犠牲などがすべて無くなることも可能だという意味です。『自由』になることを自分に許してあげると、それは自己愛となって現われます。人に『自由』を与えると、それはあなたからその人への愛となって現われるのです。

## このカードが出たら

今日このカードを受けとった人は、どんな罠にもだまされないようにしましょう。『自由』と自立的な反逆を混同しないように気をつけましょう。自立的な反逆は、だれともつながっておらず、誰にも依存することを望まず、ただ『自由』のふりをしているにすぎません。

あなたを止めていたものが、今解消しようとしている。それがなくなったことをお祝いしましょう。『自由』がもたらすのは、厄介な重荷ではなく、本物のつながりと状況に対応できる力です。それが今日あなたの手に入ります。人生の優しさを教えてくれるために、あなたに与えられているのです。

真実の『自由』があれば完全に自分を与えきることができます。なぜなら、自由さと同時にひとつに集中している状態を感じるからです。つながりとコミュニケーションが人間の本来の状態ならば、そのあとに続くのは、『自由』になって人や物との関係で、みんなにも『自由』を与えられるかかわり方ができるようになることです。『自由』が幸福を招きます。そして幸福であると誰も何にも囚われることはありません。

# 34

## INSPIRATION
## インスピレーション

**このカードの意味：**ひらめき（のエネルギー）によって答を受け取る意欲。直感。

『インスピレーション』（ひらめき）とは、答を得るために、分析したり思索する必要がないということです。あなたが止めさえしなければ、アイデアや答が頭の中に浮かび、エネルギーがあなたを前に進めてくれるのです。

計画すること（目標設定とは違います）とは、儀式的にすべての『インスピレーション』を殺してしまう方法です。『インスピレーション』は計画の必要性を超越しています。『インスピレーション』のために特に何もする必要はありません。ただひらめきを受け取る意欲だけが必要です。『インスピレーション』は思考を超えた、創造性そのものです。今日あなたは成功を与えてくれる概念を受け取るのです。あなたがとりたてて何かをするのではなく、受け取るという点を特に強調しましょう。今日は世界が新しい見方で見えてくるでしょう。アイデアと人との自然なつながりが見えてくるでしょうし、あなたに答が与えられるでしょう。そしてすべてのことが新しいレベルに前進するでしょう。
『インスピレーション』とは前に進む道を見たり、感じたりすることですが、特に前に進む道を「知っていること」です。『インスピレーション』は答とともに、ひらめきのエネルギーをももたらします。そこであなたはそのエネルギーに運ばれるので、何の労力も必要ないのです。

## このカードが出たら

今日このカードを受け取った人は、人にひらめきを与えるかもしれないし、または人からひらめきを与えられるでしょう。あなたが一番愛している人達、同僚や、身の回りの人にひらめきを与え、またその人達からひらめきを受け取っていることに気がつくでしょう。

このギフトはあなたへの贈り物です。今日何かの障害があるようなら、気づくことを心がけ、答が簡単にあなたのところにやって来るように心を開いて受け入れましょう。

# 35

## FLOW
## 流れ

**このカードの意味：**道（タオ）、共時性、幸運、プロセスの展開と波調をあわせること。

『流れ』とは、とりたてて努力をしなくても、前に進む時に、あらゆるいいものがひとりでにやってくることです。展開していく人生のプロセスにつながっているので、すべてがあなたにとってうまくいくのです。『流れ』とはタイミングの良さであり、わくわくと待ち遠しい気持ちであり、機会、運、そしてとても楽な状態です。まるでボートが川を流れて行って、川が曲がるごとにいいことに出会うようなものです。

## このカードが出たら

このカードを引いた人で、自分が『流れ』に乗っていないと感じる人は、コントロールするために現状を使っていて、自分で止めているということです。『流れ』に気づくだけで、『流れ』はやってきます。

良いところを認めて感謝すること、リーダーシップの原則（助けを求める声に応えること。自分の問題よりも人を助けることを大事にすること。それによって、つながった時に二人とも『流れ』に乗ることができます）などが『流れ』に戻れるのを助けてくれる数ある方法のほんのいくつかです。

『流れ』とは川の水を無理に押し出すようなことでもなければ『流れ』に逆らうことでもありません。ただ『流れ』とともに動くことです。かつて大草原のネイティブアメリカンが言ったように、「馬に乗るには、馬が進むのと同じ方向に乗るのが一番」です。

ある課題や問題の答えとしてこのカードを受け取ったならば『流れ』のギフトから目をそらせるために問題が存在しているにすぎないことを認識しましょう。実はその状況の中にも『流れ』はあり、その『流れ』が今あなたが経験している障害から抜け出させてくれることに気づきましょう。問題にではなく、ギフトの方に注意を向けることでこの状況から解放され『流れ』に乗ることができます。

# 36

## TRUE LOVE
## 真実の愛

**このカードの意味：**つねに深まり続けるロマンス。真実のパートナーシップへの成長の道に心を開くこと。『真実の愛』とはロマンスだけに限らない。

このカードは、真実のパートナーというギフトを持っている人のカードです。生涯共に癒しあい、愛しあい、学びあう理想のパートナーに、ぴったりの特徴を持っている人のことです。

普通、真実のパートナーにふさわしい人とは一生の間に何人も出会うのが普通です。このカードがあなたに求めていることは、今のあなたの人生にいるその人、またはこれから会おうとしている人に心を開いて、勇気をもってコミット（その人に与え続ける決意）することです。もしあなたにパートナーがいるならば、これから『真実の愛』がはじけようとしています。「ハネムーンがやってくる！」

『真実の愛』のカードは、特別何もすることはありませんが、すべてをあるがままに受け入れることが大事だと気づかせてくれます。インスピレーションがあなたを前に進めてくれるのに任せましょう。そして物事が自然に展開していくのに任せましょう。このギフトは、人々が最も大切にしているもののひとつです。しかし『真実の愛』そのものは目的ではありません。そこからが始まりなのです。人間関係で成功するために、あなたがこれから学ぶ必要のあるレッスンは沢山あります。

最初のロマンスの時期が終わったら『真実の愛』は深まり続け成長し続けます。ふるさとに至るためのより深遠なパートナーシップの道です。『真実の愛』のメッセージは、人間関係の愛情を通じてこの地上に天をもたらす可能性があるということです。

## このカードが出たら

このカードを引いた人は、現在かかわっている人、またはこれからかかわろうとしている人が、あらゆる問題を通してインスピレーションを与えてくれることに気づきましょう。もし障害があるならば、その障害そのものがあなたを『真実の愛』から目をそらさせ、避けさせるためのものだと気づく必要があります。『真実の愛』はもうすでにそこに存在しています。または、これから現われようとしているところなのです。そこに障害があるとしたらその目的は、このギフトを隠すためです。そしてあなたが異性関係や自分自身のコントロールを手にいれるためです。ほかのギフトの場合と同様に、ギフトの方に注意をむけていると、その障害はだんだん解消しはじめます。

このカードを受け取ったら、あなたの心が新しい誕生を迎えて開こうとしていることを知りましょう。あなたの心は、自らを完全に与えつくし、すべてのものをもっと十分に受け取ることを望んでいるのです。

# 37

## SEXUALITY
## セクシャリティー

**このカードの意味：**新たなレベルの生命力。自然さ。愛。コミュニケーションとつながり。

『セクシャリティー』というギフトカードは、愛とコミュニケーションの表現です。パートナーとの結びつきを全く新しいかたちで強調することです。あなた自身に関することで言えば、あなたのセクシャルエネルギーを新しいレベルで受容し承認することです。それによって『セクシャリティー』の新しい表現力がえられ、当然生命力や魅力や流れも強まります。そしてあなたとパートナーとの間や、あなたと周囲の人々との間に自然なカリスマ性や結びつきが強まります。セックスによる真のつながりは、癒しや愛を生み出すのです。

## このカードが出たら

『セクシャリティー』のカードを受け取ったということは、新しいレベルの『セクシャリティー』、純粋無垢さ、表現、自然さ、セックスでの結びつき——自分自身とそして人との結びつき——がえられることを意味しています。それは「今夜はあなたのラッキーナイト」というだけでなく、人生の楽しみがたしかに大きくなることを意味します。このカードは必ずしもセックスを意味するわけではなく、人生全般でもパートナーとのつながりにおいても、あなたの新たな豊かさと自然さを意味しています。現在パートナーがいないならば、新しい人に対して、あなたの心が開いていることをこのカードが意味しています。

今人生に大きな障害があって、その答えとして『セクシャリティー』のカードが出たとすると、その障害はコントロールのひとつであり『セクシャリティー』へのあなたの怖れを表わしています。自分の『セクシャリティー』を自然なギフトとして受け入れると、あなたの自信や遊び心や魅力が高まります。

このカードに誠実さが加わると、人生にも周囲の人々の人生にも、強いリーダーシップの要素がもたらされます。

# 38

## GIFTEDNESS
# 恵まれた才能

**このカードの意味：**ギフト（才能、贈り物）を受け取り、分かち合うこと。機会と資質。問題に気をとられないこと。

豊かな天分に恵まれるということは、ギフト（才能）や、機会、資質があるのを認め、受け取る能力を意味します。ギフト（才能）を自覚して受けとめることや、資質や機会を拡大していくこともリーダーシップを発揮した行為です。それによって人にひらめきを与え、流れが生まれ、天の恩恵と豊かさが満ちてくるのです。

最大の才能が最大の怖れの下に埋もれていることが多いことをほとんどの人は知りません。どんな問題の影にも私達に与えられたギフトがあります。しかし、そのギフトを受け入れるのが怖いのです。ただそこでギフトの存在に気づいて受け入れれば、その問題は見事に解消します。そうすればあるがままの自分自身でいられるし、自分の素晴しさをさらに自覚することができるのです。それまでは大変な問題に見えていたことが、簡単な片付ごとに変わります。ギフトを受け入れることで自信が湧き上がり、出来事を簡単に処理することができるのです。

## このカードが出たら

このカードを受け取った人は、今自分にギフト（才能）が与えられていて、それがあればどんな問題も簡単に解消できることに気づきましょう。あなたには豊かな天分があることを自覚しましょう。その才能を受け取っているイメージを見たり、感じてみましょう。その才能をしっかりと自分自身で受けとめ、そして世界を受けとめよう。

あなたの豊かな才能が世界を祝福します。なぜなら、受け取れば受け取るほど、人にも与えられるからです。才能を人と分かちあうのは喜びです。それは人とつながって、あなたが出会うすべての人にとってより良い世界を作っていくことなのですから。

# 39

## SUCCESS
## 成功

**このカードの意味：**自分を承認すること。達成感。自分のためにも人のためにも(報酬を)受け取ること。

『成功』のギフトカードは、まったく新しいレベルの『成功』があなたの人生に近づいていることを意味します。そして、それにともなって大きな達成感があり、自分がかなり前進したと感じるでしょう。自分が望むものを手に入れ、あらゆる面での『成功』を今まで以上に承認する機会が近づいているのです。ただしそうなることをあなたが許せばの話ですが。

あなたの人生は新しい地平線に到達しようとしています。そうすると、またもうひとつの地平線が目の前に広がってくるでしょう。それは自分自身を承認し、生まれながらの『成功』のギフト（才能）を承認する、前向きな動きなのです。自分へのギフト（贈り物）としてこのカードを受け取れば、周囲の人々への贈り物にもなります。あなたが『成功』すると、「『成功』しても良い」という許可を人にも与えることになるのがギフトの原則です。

## このカードが出たら

このカードを受け取った人は、あらゆる良いことがあなたのもとにやって来つつあることを意味しています。今障害があるのは、さらに大きく『成功』するためにあなたが学ぶべきことがあるからです。または、コントロールを手放すことへの怖れがあり、本来なら『成功』するはずなのに止まっているのです。

スキーをする時に、山をコントロールしようとはしないでしょう。流れに乗るだけです。同じようにただ『成功』するのに任せればよいのです。あきらめるのでもないし、無理やり自分のやり方で押し切るのでもありません。起こるべくして起こるのが、一番良い『成功』の仕方です。だから、きょうは『成功』のギフトに対してオープンでいましょう。『成功』とは本当は心の姿勢であり選択です。そして人と分かち合った分だけ、あなたの『成功』が大きくなるのです。

今日は贈り物として『成功』を受け取りましょう。あなたが自分自身を与えたのが自然にうまくいったのです。今は収穫の時です。あなたの『成功』を楽しみましょう。身の周りの人にも『成功』を分かち合いましょう。そして次の地平線が現われるのに備えましょう。

# 40

## ABUNDANCE
## 豊かさ

**このカードの意味：**豊富なこと。感謝。賞賛。受け取り、与え、前に進む意欲。

『豊かさ』とは単にお金のことだけではありません。生活の質をも含めた、すべての面が豊富で恵まれていることを表わしています。今日はあなたの生まれながらのギフトである、『豊かさ』を受け入れましょう。あなたに受け取る意志さえあるならば、今日はありとあらゆる良いものが与えられるのです。ここであなたが受け取れば、さらに高いレベルで与えることができます。そうすると、さらにもっと高いレベルで受け取ることができるのです。そうなると、あなたもみんなもあらゆる面で前に進めます。

## このカードが出たら

このカードを受け取った人は、与えられようとしているものを受け入れましょう。人生に『豊かさ』が姿を表わし、あなたにもその分け前が与えられようとしています。もしも障害があるように見えるならば、それは近づきつつある『豊かさ』を隠すためなのです。『豊かさ』なんてまるで感じられないとしたら、人生のほんの些細なことに感謝し、そのありがたさを感じると、さらに大きなものと受け入れることができるようになります。小さな『豊かさ』に注意を向けると、それがどんどん大きくなっていくでしょう。

# 恩恵のカード群

## No. 41〜48

### 〔白〕

私達がまるで自分の仕事や日課などのようにしていることの多くは、補償行為や、罠や、自分についての間違ったネガティブな観念を埋め合わせるためのものである場合がほとんどです。

ハードワークをするよりも、本当はどんなことでも天の恩恵によって簡単に楽に達成できることを、恩恵のカードが思い出させてくれます。

このカードに表われていることは、私達がいつの瞬間でも受け取ることができるものです。恩恵のカードは、ものごとを霊的な（スピリチュアルな）高い視点から見つめています。そこからは最も多くのことを達成することができるのです。

この組のカードは、前人が遺してくれた「スピリチュアルな財産」を現わしています。

それに気づいて受け入れさえすれば、いつでも私達に利益を与えてくれます。そして人生のあらゆる分野を祝福してくれるのです。私達は人とつながることや、前進すること、実は大いなるものとも、そしてあらゆる生きとし生けるものともつながっているという、一体感を感じることを怖れて、ばらばらに分離した状態をさまざまなかたちで作っています。しかし私達が引き継いだ「スピリチュアルな財産」がその分離感から救ってくれます。

# 41

## INNOCENCE
## 清らかさ

**このカードの意味**：あなたや他の人達の霊性や完全さを認識することと、それによる癒し。

純粋無垢さ、『清らかさ』という恩恵が罪悪感という幻想を癒してくれます。そしてこの世に苦しみと残酷さをもたらす、主な原因を解消してくれるのです。罪が無いとなれば、人は純粋無垢に、かつ気づきをもって対応します。

このカードは、他の恩恵のカードと同じように、文字どおり地上に天をもたらすのです。なぜならば、自分の『清らかさ』、潔白さを認識すると、人の『清らかさ』が見えてくるからです。そうするとどんなトラブルに出会っても、それが助けや愛情を求めているにすぎないことがわかってきます。純粋無垢さ、『清らかさ』がこの世を清め、新しく蘇らせてくれます。それによって人生には愛や豊かさや美しさが満ちているのを知り、自分自身を与え、受け取ることができるようになります。

## このカードが出たら

このカードを受け取った人は、「神の眼」で自分自身を見つめることが求められています。(「神」というものを、あなたなりにどう理解して頂いてもかまいません）神というのは完全な存在ですから、私達の霊魂の部分だけを見て、私達を完全な存在として見ているのですが、それとともにハイアーマインドが私達のミスを訂正して癒してくれるのに任せています。

純粋無垢さ、『清らかさ』によってあなたが解放されることが求められています。またあなたの周囲の人々にも自由を与えましょう。それを許容しさえすれば、純粋無垢さ、『清らかさ』の恩恵があなたのもとにやって来ようとしているのです。自分自身も、そして世界をも非難や苦しみから解放してあげましょう。純粋無垢さがそこからの出口なのです。

# 42

## LOVE
## 愛

**このカードの意味：**あなたと大いなる存在との一体感を認識すること。自分自身を『愛』すること。分かちあうこと。

人生とは、「私達は『愛』そのものです。」という認識へ向けての、霊的な進化と成長の過程です。神は『愛』そのものであり、私達を自らと同じように作られました。私達の魂の旅は、癒しによって「自分は『愛』以外のもの」という幻想から目覚め、「自分の本質は『愛』」ということを認識することです。『愛』は分かちあいです。『愛』とは与えることです。『愛』とは自分から人に手を差し伸べることです。『愛』はお互いから受け取ることです。『愛』とは私達と大いなる存在とをつないでいる糸——一体感——に気づくことです。つらく苦しい世界ができるのは、これ以外のことを信じている観念があるからにすぎないのです。私達の本来の姿を思い出し、発見することによって『愛』のある安全な世界になるのです。

## このカードが出たら

このカードを引いた人の今日は喜びの一日です。今日は自分のためにも全世界のためにも、神の『愛』を最も受け取りやすく、認識しやすく、神の『愛』に導かれやすい日なのです。今日のあなたは、『愛』の親善大使であり、『愛』の吟遊詩人です。『愛』こそが本当の現実であり、その喜ばしい知らせをあなたがもたらすのです。今日一日を自分自身への『愛』でいっぱいにしましょう。そうすると『愛』が溢れだし、あなたを通して他の人達にも『愛』が降り注がれるでしょう。そしてあなたは本来の自分は『愛』であることを思い出し、あなたを通じて癒しとミラクルがもたらされるでしょう。

# 43

## PEACE
## 平和

**このカードの意味**：天国の本質であり、あらゆる良いことが生みだされる活発な土台。

『平和』とは、簡単にいうと対立のない状態のことです。自分の存在の中心にいて、自分にも周囲の人々にも対応できる状態のことです。すべての幸福や、愛情や、豊かさは『平和』から生まれます。『平和』こそが天の王国の本質です。『平和』とは退屈でも昏睡状態のようなものでもなく、実はわくわくする元気になる体験であり、恩恵や楽しみやつながりで満ちている状態です。『平和』とは覚醒している、かなりスリルのある状態です。『平和』な状態であればこそ、本当の意味で与え、受け取ることができるのです。

## このカードが出たら

今日このカードを受け取ったということは、心が『平和』で満たされるだろうというしるしです。心の『平和』があらゆる問題の解決策です。なぜならばそれによってもたらされる安らぎは理性の理解を超えたものだからです。『平和』だとあらゆる良いことがやって来ます。健康や豊かさや愛はまずここから始まります。今日は『平和』でいっぱいに満たされましょう。『平和』はあらゆる怖れや、離別や問題を超越することを知っておきましょう。

# 44

## VISION
## ヴィジョン

**このカードの意味**：ひらめきの連続。創造性のおもむくままに任せること。自分自身を全面的に与えること。ポジティブな未来が現在を方向づけること。スピリチュアルな現実を見ることによってもたらされる癒し。

『ヴィジョン』のカードは二つのレベルで解釈できます。このカードを指ではじいた時に（親指と中指の間に挟んで空中にはじき飛ばす）、表が上になって落ちたなら個人レベルの『ヴィジョン』を表わしています。そして表が下になったならばスピリチュアルな（霊的な）『ヴィジョン』を表わします。どちらのタイプの『ヴィジョン』も敏感な受容力と、創造性のおもむくままにまかせることと、愛をもってより高次の力に身をゆだねることから生まれます。そうするとより高いレベルの気づきや、継続的なインスピレーションが得られるのです。

個人レベルの『ヴィジョン』とは、知覚を通して認識される範囲ではあります（つまり個人の内面的なものが反映している物の見方です）が、ポジティブな未来が現在を方向づけることなのです。『ヴィジョン』のレベルに到達していない時の生き方は、過去によって現在が方向づけられてしまいます。ということはつまり、心の奥に埋もれた罪悪感によって現在が支配されてしまうということです。そうなるとあなたの人生では、いつも古い映画の再演のように過去が繰り返されるのです。

『ヴィジョン』はあなたを前に進ませてくれ、人々に道を指し示してくれます。いつでも私達を心のふるさとへ、私達の存在の中心へと導いてくれます。このカードはヒーラーや、真のヒーロー、シャーマンや芸術家のカードです。自分自身の全身全霊を与える人、新たな道が示されるように自分のすべてを賭ける人のカードです。そして、すべてを賭けるからこそ、前よりも大きく拡がったレベルで受け取ることができるのです。人間のレベルの『ヴィジョン』は自然の法則を超越して、そこからマジック（魔法）が生まれます。

スピリチュアルな『ヴィジョン』の場合は、「この世」というひとつの夢、幻想を超えて、本来の現実の姿です。光と愛とスピリットを見ることができます。人々の肉体を超えて、その人の内なる光を見ることができるのです。これが最も早くて簡単な癒しの方法です。肉体を超えたところでは、スピリチュアルな現実しか見えないので、すべてが完全に見えます。そしてマインドの力は本当に大きく、この『ヴィジョン』を体験すると物理的な現実にも、真実と完全性が反映されるようになります。スピリチュアルな『ヴィジョン』とは私達の中にある聖なる部分を認識することであり、それゆえに通常の世俗的な知覚を超えたものです。

## このカードが出たら

恩恵のカードとしてこのカードを引いた人には、『ヴィジョン』がやって来ようとしています。『ヴィジョン』があなたに解決法を見せてくれます。そして『ヴィジョン』によって個人レベルではあなたの心を全面的に与えることができ、またスピリチュアルなレベルでも全面的に愛することができます。『ヴィジョン』の愛の力によってあなたは創造性のまっただ中に引き上げられるでしょう。それはあなた自身にとっても、身のまわりの人々にとっても大きな贈り物になるでしょう。個人レベルでは自分自身を全面的に与えるでしょう。愛があれば、あなたは深淵を跳び超えることができ、他の人達が後についてこれるように橋を残すでしょう。

『ヴィジョン』の中にいる時には、いつでもあなたの人生の目的を思い出します。人生の目的とは個人レベルで見れば「人生で何をするために生まれて来たのか」ということです。そしてスピリチュアルなレベルでは「この人生でどういう在り方で存在しようとしているのか」ということです。そしてこのレベルで『ヴィジョン』とは、私達の心の故郷としての「天国」を思い出すことなのです。

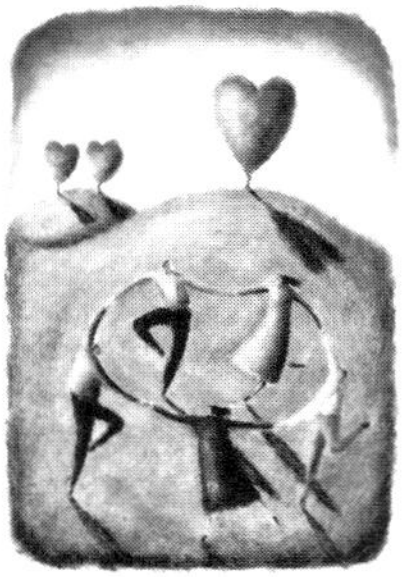

# 45

## JOY
## 喜び

**このカードの意味：**願望実現。神の愛を受け取り、与えているという勝利感。愛と結びつき。地上に天がもたらされる前兆。

『喜び』とは実現のカードです。今日あなたに受け取る意志があるならば、『喜び』という恩恵はあなたのものです。愛があるところに自然に『喜び』がやって来ます。真実の結びつきを認識するところから『喜び』は生まれます。たとえあなたのまわりに何が見えていようとも、本当は愛が勝利し、成功が訪れていることを『喜び』が教えてくれます。もう祝福しはじめてもよいのです。あなたの『喜び』は人にもうつっていきます。『喜び』は癒しをもたらし、息苦しい世界に息吹を与えてくれます。通常認識している現実よりも、より真実に近い現実への扉を開いてくれます。それは地上に天国が訪れる前兆であり前ぶれです。

今日はあなたの人生や身のまわりの人々の人生を味わい楽しむ日です。そしてあなたが愛と創造性につながっていることを認識する日です。そしてそのことがあなたの経験する最初の最も根本的な現実なのです。

## このカードが出たら

このカードを受け取った人は、『喜び』で満たされるでしょう。そして、自分を通して周囲の人々もまた『喜び』で満たされることでしょう。神からも人々からも愛されていることをここで認めるのです。そうすると今度はあなたから愛を与えることができるのです。幻想が消え去った時、あなたは自分が愛そのものだということを知るでしょう。その時に、『喜び』がいつも道づれになるでしょう。

# 46

## CHILD OF GOD
## 神の子

**このカードの意味：**私達が引き継いでいる神聖な財産。キリストの子、仏の子であること。

神というものをあなたがどのように理解していたとしても、私達は神によって作られた『神の子』です。このことを認識したならば、どんなものでも私達に与えられます。与えられないものなど何にもありません。世界で最高の母親や父親が、その行動や人柄によってどれほど多くのものを自分の子供達に与えているのかを想像してみましょう。そして今日のあなたにはさらにそれ以上のものが与えられていると想像してみましょう。あなたのすべての問題の解決策が与えられ、あらゆる束縛からも解放されます。さらにすべての良いものをオープンに受け取ることができるのです。これこそが本来のあなたの姿です。そしてあなたは当然それを受け取っても良いのです。

## このカードが出たら

今日あなたがこのカードを受け取ったということは、天から引き継いだ「遺産」も、自分の天命をもオープンに受け入れることが求められているのです。『神の子』としてあなたには偉大さとすべての良いことが命じられています。もし何かの罠が今日のあなたを妨害しているように見えるならば、心から次の言葉を言いましょう。

＊「私は『神の子』です」
＊「この問題は神の私へのご意志ではありません」
＊「神様が私に望んでいることは、……………です」

そしてそこでやってくる答を聞いてみましょう。

# 47

## HIGHER MIND
## ハイアーマインド

**このカードの意味：**ハイアーパワー。大いなる自己。精霊。キリスト意識、仏性など。

『ハイアーマインド』とは、意識の創造的な部分であり、いつでも具体的な状況への癒しや答えを与えてくれるものです。別名ハイアーパワー（高次の力）、精霊、キリスト意識、仏性などです。その他にも、スピリチュアルな比喩や宗教によってさまざまな呼び方があります。この力を通して人々は加速的なスピードで前進することができます。それは、自分ひとりの力で全てをしなくても『ハイアーマインド』に任せることができるからです。この考え方は、もっとも役に立つ考えのひとつです。そして時には普通にしていたら何ヵ月も何年もかかるようなことを、一晩で達成することさえも可能なのです。

『ハイアーマインド』は宇宙の恩恵によって働きます。恩恵によってすべてのことが楽に、効率的に展開するのです。エゴにはすべてを困難にしようとする特徴があります。それによって、エゴは自分に注目をひき、自分の良さを証明しようとします。つまり「こんなに苦しくて大変だけれど、それでも頑張ってよく働いているから自分は良い人間だ。」と証明しようとするのです。

天の恩恵の方は注目をひくことなど考えてはいません。ただ成果を作り出すだけです。人が恩恵によって何かを達成した時には、自分がしたのではなく、自分を通じてなされた感じがします。とても大きなことを達成しなければならない時に、恩恵はハードワークを取り除いてくれ、必要なことを簡単に達成してくれます。変容と癒しの領域では、恩恵はきわめて強力な味方です。

あなたが『ハイアーマインド』の恩恵を使う生き方をするようになると、物事が楽にそして優雅に前に進んで行くようになります。出来事をコントロールしたり計画したりすることはやらなくなるでしょう。そして恩恵によって、あなたを通してすべてがなされるままに任せるようになるのです。そのほうが自分で計画するよりも、はるかにうまく行くでしょう。

## このカードが出たら

このカードを受け取ったということは、「あなたの『ハイアーマインド』に問題の解決を任せなさい。」というメッセージです。あなたが怖れさえ持たなければ、『ハイアーマインド』はどこででも働いてくれます。『ハイアーマインド』の仕事は、道を示すだけではなく実際にあなたをそこまで連れていくことです。あなたはその邪魔をするのをやめて、『ハイアーマインド』にあなたのための仕事をさせてあげましょう。あなたは次の一歩を踏み出す用意はできているでしょうか。答を聞く準備はできているでしょうか？

そうならば助けを受け取りましょう。『ハイアーマインド』を通じて天の恩恵が与えられているのに、あなたがそれに気づいていなかっただけなのです。あなたの意識の中の答を与えてくれる部分、平和と幸福をもたらしてくれる部分の存在に気づくのです。

# 48

## HOLINESS
## 神聖さ

**このカードの意味**：完全さ。神の使者。天の恩恵と地上の癒しのかけ橋。スピリット（精霊）としての自己を認識すること。

私達が神の似姿に作られたのだとしたら、神は神聖なのですから私達もまた神聖なはずです。『神聖さ』はスピリット（霊魂）のレベルでの私達の完全さを反映しています。「自分は完全だ」と認識した時に、疲れて渇いた世界を私達が祝福し、癒し、新たに蘇らせることができるのです。自分の『神聖さ』に気づき、思い出すことは私達から人生に与えられる最高の贈り物です。私達が天とのかけ橋になり、天の恩恵が私達を通じて地上に降り注ぎます。そして、地上はそれに触れて癒されるのです。あなたの『神聖さ』のなかではエゴが溶けて消えていきます。そしてあなたの中の「自我」の部分がどんどん少なくなり、天の部分がもっと大きくなるのです。

## このカードが出たら

『神聖さ』を認識する機会が与えられています。あなたがこの真実に気づくと、その祝福が世界を照らすのです。『神聖さ』が認識されると、それが通り道になって恩恵とミラクルが訪れるのです。あなたは神の使者なのですから、手に負えないことなど何もありません。自分自身をここまで深いレベルで知ることによって、まわりの世界を愛し祝福することになるのです。

今日はどんな障害にもだまされないようにしましょう。『神聖さ』によってあなたが祝福され、自由になることができます。そしてまた世界を祝福し解放することができるのです。本当の自分を知りたいと心から願いましょう。

今日あなたを妨害するどんなものに対しても、あなたの『神聖さ』が答です。あなたと創造主との関係を何ものも邪魔することはできないのです。これが神からのあなたへの贈り物です。

パートⅡ

# より高度なリーディング

このカードに慣れて自信がついてからできる、高度な使い方をご紹介します。難易度の順にならんでいるので、「家族」や「魂」に進む前に「一定期間のリーディング」をためしてみた方がやりやすいでしょう。リーディングのサンプルに登場する人物は本人の身分を保護しプライバシーを尊重するために仮名にしてあります。

## 一定期間のリーディング

このリーディングでは、これからの期間（1日や1週間、1カ月、1年）中に気づき、集中すべき最も重要な点を見つけることができます。そして、もし何かの問題点が出てくるとしたら、その解決法を発見することもできるのです。以下の三つのうち、ひとつを選択しましょう。

① カードをネガティブな組（被害者、人間関係、無意識）とポジティブな組（ヒーリング、ギフト、恩恵）の二つに分けます。もし1年間のリーディングをするならば、ひと月に1枚づつの12枚のネガティブなカードを選びます。それがこれから出てくる問題点を表わします。それからポジティブなカードから12枚の「ブレイクスルー（突破口）」のためのカードを引きます。それが問題点課題の

答や解決策を表わすのです。

1カ月のリーディングの場合は、それぞれの組から四枚ずつカードを選びます。(1週間につきネガとポジを1枚ずつ) 1週間のリーディングの場合は、それぞれの組から7枚ずつのカードを選びます。(1日につき2枚)

② 全部のカードをひとつにまとめてから切ります。そこであなたが引いたカードが、選んだ一定期間中のチャレンジ(挑戦、課題)またはギフトを表わします。

③ ネガティブな組み合わせのカードから3枚のカードを選びます。

それらは今質問した期間中にあなたが直面する可能性のある主な問題点を示します。次に問題解決の鍵としてポジティブなカードの組み合わせから3枚を選びます。そこでは最初のポジティブなカードが1番目の問題点を表わし、2番目のカードが二つ目の問題点、3番目のカードが三つ目の問題点を表わします。

## サンプル　リーディング

アリアナは翌月に直面する主な課題を見るために3枚のネガティブと3枚のポジティブなカードを選びました。ネガティブなカードは「隠れた自分」、「試練」、「役割」でした。その問題解決の鍵となるポジティブなカードとして、「成功」、「恵まれた才能」、「ハイアーマインド」を選びました。

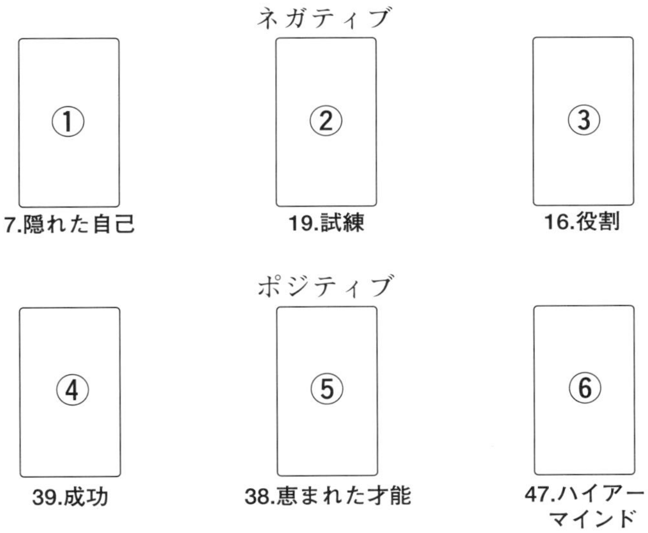


**◆問題点を解釈する——**

**『隠れた自己』『試練』（シャーマニックテスト）『役割』**

『隠れた自己』は、自分で意識していることとは違った考えや戦略を持っています。隠れた自己はまったく別のことを目指していたり、助けるための戦略が結局害を及ぼしたり、うまくいかなかったりするのです。『隠れた自己』と自分の主な部分とを統合することが重要な鍵になります。そうすれば『隠れた自己』のポジティブな面が残るだけでなく、全体がうまくいくでしょう。

『試練』が出てきたということは、翌月大きな機会や『試練』が訪れることを表わしています。

アリアナはカードを指ではじいてみてシャーマニックなレベルのものなのか（表を上にしてカードが落ちた場合)、より高度なレベルなのか（裏を上にしてカードが落ちた場合）を見極めました。シャーマニックテスト（試練）に失敗すると、心が張り裂けるような感じがします。そしてより高度なレベルだと、全世界が崩壊するような感じがすることを覚えておきましょう。アリアナのカードは表を上に落ちたので、シャーマニックテスト（試練）でした。

このようなテストを乗り越えていくと、何も進歩のない年月を何年分も節約することができます。ひとつの解決法は、このようなシャーマニックな「火の輪」の中にいる時に、そこから一歩踏み出して、他の人に手をさしのべ、純粋な奉仕をすることです。

アリアナの3枚目のカードは『役割』でした。『役割』とはほとんどの場合に、幼少期の失敗感を埋め合わせ、隠すために形成されるものです。小さな時には『役割』意識によって良い性格ができますが、年齢を重ねてくると活気のなさや犠牲の原因になります。『役割』を抜け出す方法は何かをする時に、義務感や「そうするべきだから」ではなく、自分から選択してすることです。選択することによって、あなたも何かを受け取ることができます。

### ◆解決法を見つける
### ――『成功』『恵まれた才能』『ハイアーマインド』

ポジティブなカードは、ネガティブなカードによって出てきた課題の解決法を見つける助けになります。1枚目のポジティブカードは1枚目のネガティブカードとのバランスをとるようになっています。アリアナの『隠れた自己』という問題点から脱出するひとつの鍵は『成功』です。つまり『成功』というギフトを受け取ることによって、彼女の『隠れた自己』が主な自己と統合されていくのです。そして彼女のギフト（才能／天分）を受け入れることで、シャーマニックテストに対処できるでしょう。そして最後に彼女のハイアーマインドの声を聞いて、解決を任せることによって『役割』の問題も変容するでしょう。

# ３枚のカードによる 問題解決のための並べ方

このリーディングでは、最初に引いたカードで問題や課題の根底にある隠れた原動力を発見できます。そして２枚目のカードのヒーリングの原則を使ってそれを癒す最良の方法が決まります。そして３枚目のカードでその問題が隠している贈り物や宝物を見つけ出すことができます。

カードを三つの組み合わせに分けます。

１　被害者（黒）、人間関係（オレンジ）、無意識の組（青）
２　ヒーリングの組（緑）
３　ギフト（ピンク）と恩恵のカード（白）

今あなたが抱えている問題について考えながらそれぞれの組のカードを切ります。最初の組（黒、オレンジ、青）からカードを1枚引きます。これが問題の根底にある原動力です。しばらく時間をかけてこのカードを研究し、現在の問題とどんな関係があるのかを見てみましょう。それが完了したと感じたら、2番目の組（緑）からカードを1枚引きます。これはその状況を変容していく癒しの原則です。問題とその根底にある原動力という観点からそのカードを研究します。

最後に3番目の組（ピンクと白）からカードを1枚引きま

す。これは癒しの結果、つまり障害や妨害を取り除いた結果その状況に現われてくるギフト(才能、贈り物)を表わします。

この並べ方に慣れてきたら、カードを2組だけに組み合わせることもできます。

1　問題（黒、オレンジ、青のカード）
2　ポジティブなカードや解決法のカード（緑、ピンク、白のカード）

問題のカードを引いたなら、次にポジティブなカードを2枚を引きます。最初のがブレークスルー（突破口）のカードです。2番目はこのプロセスが完了した時に待っているもの――すなわち最終的な結果を表わします。

## サンプルリーディング

ビルは最初の方法にしたがって３枚のカードを選びまし

た。彼が選んだのは、ネガティブな組からは『執着』、ヒーリングの組からは『真実』、３番目の組（ギフトと恩恵）からは『喜び』でした。

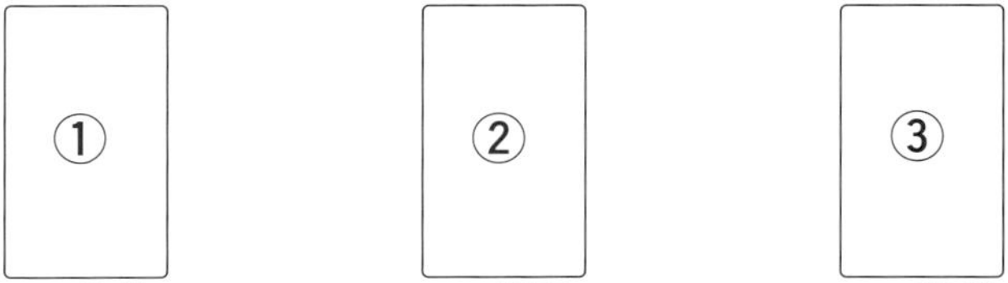


13.執着　30.真実　45.喜び

ビルの問題の根底にある原動力は『執着』でした。そのことが彼の選んだキャリアで、あまり成功していないことと関係しています。執着の定義は「未完了」の過去の何かにしがみついているということです。そのなかには「こうなるはずだったのに」というイメージにしがみついたり、ある面でそれが「どんなに良かったか」に執着したりすることも含まれます。ビルの直観では、彼の選んだ職業で本当に成功してしまったら、家庭生活を犠牲にしなければならないかもしれないということが執着と関係があるようです。つまり彼は現在の状態にしがみついているのです。

この問題の突破口としてビルが2枚目に引いたカードは『真実』でした。真実の原則とは家庭生活と仕事面での成功のバランスを見つけることだと彼は感じました。彼の3枚目のカードである『喜び』は、問題解決のためにブレークスルー（突破）の原則を使った場合の最終的な結果を表わしています。

選択という観点だけからこのリーディングを見てみると、この状況では次のように言う機会があるようです。

「もうこの問題に執着しつづけたくはありません。私は真実を手に入れるために、進んでしがみついているものを手放します。喜びを感じられるために、進んで執着を手放します。私はただ、次の一歩が現状よりもひどくなるのが怖かったのです。次に一歩進むためには何かを失わなければならないと感じました。しかしそれは真実ではないのです！」

# 人間関係の並べ方

このリーディングでは、現在の人間関係（恋愛、ビジネス、家族、社会的な関係など）での障害や、新しい関係を築くうえでの障害を解消できます。この並べ方では次の面を見ていきます。

1. あなた
2. あなたのパートナー
3. 二人の関係の主な特徴
4. コミュニティーや世界におけるあなたの関係の意味

I　全てのカードを切ってから4枚を引きます。最初のカードは、この関係で現在あなたに何が起きているのかを表わします。2枚目のカードは同様に、あなたのパートナーにとって現在起きていることです。この場合現在のパートナーでもよいし、未来のパートナーになるかもしれない名前のわかっている人や、名前もわからない未来のパートナーでもかまいません。また2枚目のカードは、パートナーや、未来のパートナーまたはパートナーと同じ性別全般に対して、あなたが持っている観念をも表わします。3枚目のカードはその関係（または将来持つかもしれない関係）の主な特徴を表わします。

人間関係はその当事者二人にとって意味があるだけでなく、コミュニティーや世界にとっても意味を持ちます。

そこで4枚目のカードは、ギフトや、ヒーリング、恩恵の要素を表わしているかもしれません。もし「罠」のカード（ネガティブなカード）を引いたならば、パートナーの二人がこの問題を癒すためにこの世にいるということです。二人の関係でそこを癒すことができれば、その癒しは世界への贈り物になります。

**◆オプション**

最初の4枚のカードを引いた後で、そのカードの下にある次の層を見るために、追加として4枚全部または何枚かのカードを引くこともできます。

Ⅱ　最初にネガティブな組（被害者、人間関係、無意識）からのカードを選んだなら、今度はポジティブなカードの組み合わせ（ヒーリング、ギフト、恩恵）からカードを引きます。それによって、問題の方ではなく解決の方に意識を集中することができます。それもカードが表わしているものを受け入れ、受け取り、自らが身をもって表現し、分かちあおうとする姿勢でヒーリングやギフト、恩恵の方に注意を向けるのです。このようにポジティブな方に注意を向けると、問題そのもの（少なくとも問題のひとつの層）が解消していきます。なぜなら『問題』とはヒーリングやギフトや恩恵を避けるための防衛にすぎないものだからです。

## サンプルリーディング

ジーナはこのリーディングのために次の4枚のカードを引きました。

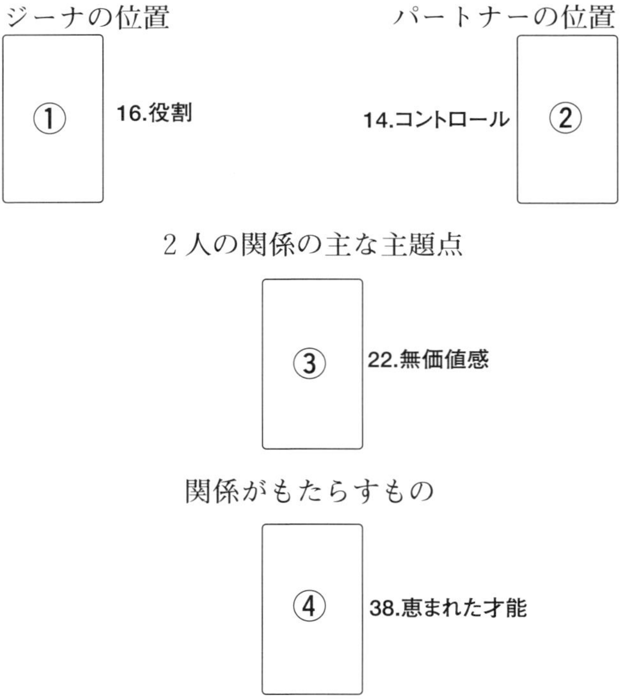


『役割』とは欠けているものを埋め合わせるための補償行為です。だから与えるばかりで、自分は受け取ろうとしま

せん。そうなると関係が停滞して、誰もが苦しむことになります。ことにジーナの場合は、このことが原因で誰かと新しい関係を始めることが妨げられているのです。

役割のカードのひとつのオプションとして、指ではじくことができます。表が上になったら、このリーディングが役割全般に関係しています。表が下になったら、家族の中の役割（ヒーロー、殉教者、迷子、マスコット）と関係するのです。

ジーナの場合は、カードのはじが何かの上に寄りかかるかたちで止まりました。ということは、カードの両面が関係しているのです。彼女は家族の中ではマスコット的な役割であると感じました。それは人間関係とも家族の罠とも関連しています。

2枚目のカードは、これからパートナーとなる人の問題点や二人の関係での彼の位置を表わします。ここでは『コントロール』のカードが出ました。この意味は、彼が自分や周囲の人々をコントロールしよう（支配し、管理しよう）としていて、それが争いの原因になっているということです。

彼女が3枚目に引いたカードは『無価値感』でした。このカードは二人の関係に出てくるであろう、主な問題点を表わします。無価値感はどんな人のどのような関係にも癒されるために表われてくるものです。ただこのカードがここで出たということは、ジーナにとってはこの課題が当面の課題として浮上してきたのです。

ジーナが４枚目に引いたカードは、『恵まれた才能』（ギフト）でした。これはつまりこのリーディングに関わる二人によって癒しが起こりうることを表わしています。彼等の関係を通してコミュニティーや世界にもさらに贈り物がもたらされるでしょう。

◆オプションとしてのつづき

3枚目のカードの『無価値感』の下に隠れているギフトや課題を見つけるために、ジーナはもう1枚カードを引きました。すると『依存心』が出ました。人間関係で最初のハネムーン（ロマンス）の段階の次にやってくる依存です（二人のうち片方は依存的になり、もう一方がより自立的になります）。

彼女がさらにオプションとして6枚目のカードを引いたら『罪悪感』のカードが出ました。このカードは、4枚目のカード『恵まれた才能』の下にある問題点やギフトを示しています。それは過去が現在の状況を支配し管理するために入りこんでくるということです。罪悪感の引き金を引くものは沢山あります。失敗感や、セックスに関することや、あまりに幸福過ぎたり、「誰もが欲しがるような素晴しいパートナーが、なぜ私の手に入ってしまったのだろう？」と考えてしまったり、過去からの自分には価値がないという気持など、です。ジーナは過去に大変な幸運に恵まれたことに対し特に罪悪感を感じました。

### ◆追加のオプション

ジーナが引いた罠や問題点のカードは『役割』『コントロール』と『無価値感』でした。問題よりもヒーリングやギフトや恩恵の方に注意を向けるために、彼女は問題（罠）のカード1枚につき1枚ずつポジティブな組み合わせのカードから引きました（彼女はまた、オプションとしてつづきで引いたカードについても同じことをして、人間関係の問題点の下にあるものを明らかにすることもできましたが、それはしないことを選びました)。

『役割』のカードを癒すものとして『流れ』を引きました。流れというのはリーダーシップの特徴です。幸運と同じように、流れに乗っている時にはあらゆることがあなたのために起きてきます。未来のパートナーに出た『コントロール』のカードを解決するものとして、ギフトのカードの『自由』が選ばれました。彼のコントロールの下には自由というギフトが隠れているのです。自分には自由があると認識できると、自分や人をコントロールしなければならないという考えから解放されます。

二人の関係に現われるであろう主な問題である無価値感を癒すためには『手放す』ことのカードが選ばれました。

# 生命の木の並べ方

このリーディングは全般的なこと（例、次のステップ）についてでも、特別なこと（たとえば、お金、成功、セックスなど）のついても扱うことができます。その問題点にどのような側面やパターンが関連しているのかがはっきりわかれば、それをどうやって乗り越え、変容させていけるのかがわかってきます。全カードから5枚のカードを引いて、次ページのように並べます。

またこのリーディングの3枚目と4枚目のカードは、あなたと父親や母親との関係をも写し出しています。あなたとパートナーとの関係も、パートナーと同性の親との関係のカードに現われてきます。

## サンプルリーディング

ジョゼフは、成功という特定のテーマにしぼったリーディングすることを選択しました。彼の引いたカードは、①平和、②ヴィジョンと選択（「偶然」2枚のカードを引いた）、③流れ、④主導権争い、⑤罪悪感でした。

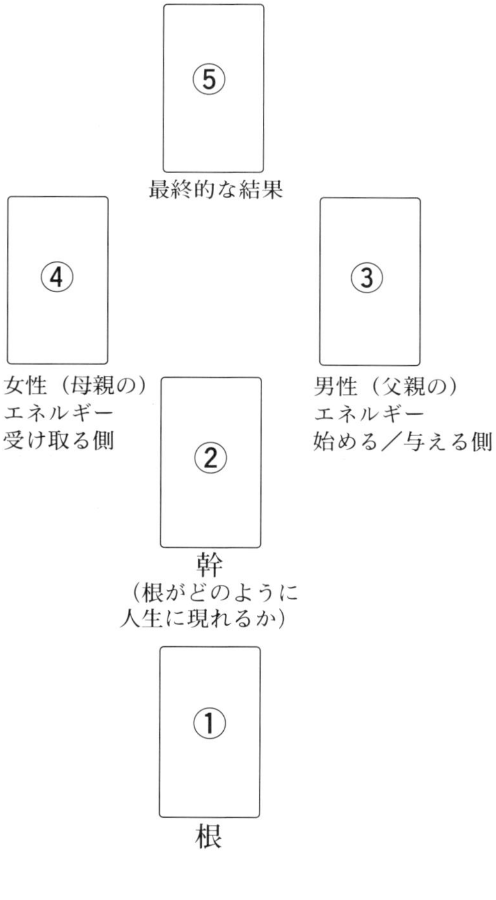
⑤
最終的な結果
④
女性（母親の）
エネルギー
受け取る側
③
男性（父親の）
エネルギー
始める／与える側
②
幹
（根がどのように
人生に現れるか）
①
根

ジョゼフの成功についてのリーディングで、根の部分には『平和』のカードが出ました（平和から幸福や豊かさや健康が始まることを覚えておきましょう。私達は神ともこのチャンネルを通じてつながっています）。この意味するところは、ジョセフは成功については自信があり、平和な気持であるということです。そして成功することが、彼からの世界と人生への贈り物なのです。それがどのような形で人生に表れるのかが木の幹の部分であり、2枚のカードが引かれました。『ヴィジョン』のカードは、彼がまったく新しい成功法を作り出そうとしていることを表わしています。『選択』のカードは、マインド（意識）の力で成功を選択できることを表わしています。

男性性のサイドは、彼と父との関係も反映していますが、そこには『流れ』があります。女性性のサイドは『主導権争い』のカードが示しているように、正しいアイデアは出てきますが、そこから自分が何も受け取ることができない状態です。これは彼と母親との関係に関連しています。そこが癒されなければ、必ず妻との関係でもこのことが浮上してくるでしょう。

最終的な結果のカードは『罪悪感』です。彼の説明によると、妻の思い通りのやり方でものごとが成されないと彼が『罪悪感』を感じるそうです。この場合、女性性の側のカードの『主導権争い』と関係があるのです。『主導権争

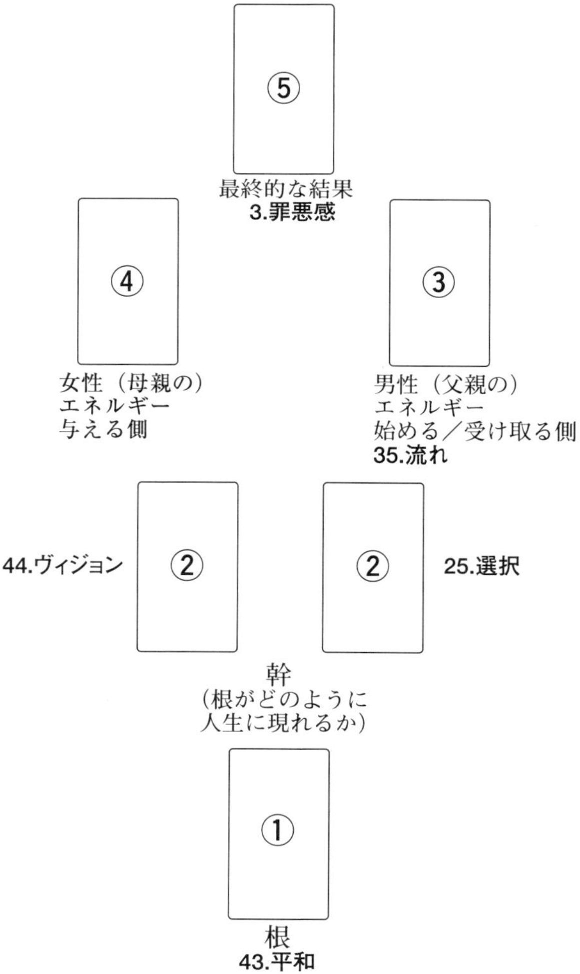
⑤
最終的な結果
3.罪悪感
④
女性（母親の）
エネルギー
与える側
③
男性（父親の）
エネルギー
始める／受け取る側
35.流れ
44.ヴィジョン
②
②
25.選択
幹
(根がどのように
人生に現れるか)
①
根
43.平和

い』のカードは、彼がどこかでまだ自立的であることを示しています。彼はずっと母親と闘ってきたのでしょう。そして多分女性性を怖れていて、女性から引きこもっているのです。ただ『罪悪感』のカードがあるので、ジョゼフは自分のせいで身近な人を被害者にしてしまったり、失敗させることを怖れてきました。そこで彼は成功しないと決めたのです。

# チャクラ並べ

チャクラリーディングは、体の主なエネルギーセンターについて、妨げているものはないか、そしてそれをどのように癒すのかを見出だすためのものです。リーディングによってわかるのは、①あなたは何を持って生まれてきたのか、そして②今あなたはどこにいるのかのどちらかあるいは両方です。

Ⅰ　全カードを切って7枚のカードを選びます。カードは、脊柱にそった次のようなエネルギーのセンターを表わしています。

① **ルートまたはベースチャクラ**＝脊骨の一番下にあり、生命エネルギーと、生命エネルギーの発露であるセクシャルエネルギーのシンボルです。

② **第2チャクラ**＝おへその約7.5cm下にあり、自己像と自分に価値があるという感覚を表わしています。自己像と関係するので、またセクシャルエネルギーとも関係あります。

③ **第3チャクラ**＝おへその約7.5cm上にあり、パワーや意志、成功を表わし、通常職業とも関係します。

④ **ハートチャクラ**＝胸の中心のハートのところにあり、個人的な愛と関係があります。

⑤ **喉のチャクラ**＝リーダーシップのチャクラとしても知

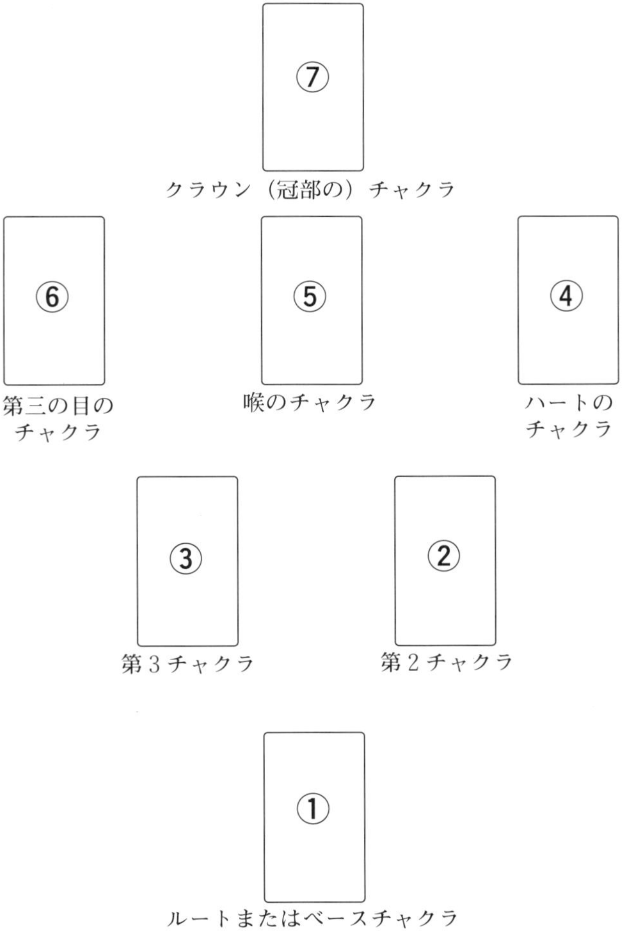
⑦
クラウン（冠部の）チャクラ
⑥
第三の目の
チャクラ
⑤
喉のチャクラ
④
ハートの
チャクラ
③
第３チャクラ
②
第２チャクラ
①
ルートまたはベースチャクラ

られる。人間全般に対する態度や奉仕または愛のシンボルです。

⑥　**第３の眼のチャクラ**＝眉間のすぐ上にあり、あなたの「人生のヴィジョン」や思考を表わします。

⑦　**クラウン（冠部の）チャクラ**＝頭のてっぺんにあり、スピリチュアルなものの受け入れやすさを表わします。

Ⅱ　あなたが何を持って生まれてきたのかという最初のリーディングで、罠や問題点のカードが出てきたら、それをさらにチェックするためにリーディングの終りにカードを指ではじいてみましょう。表が下になってカードが落ちたなら、その罠や問題点はリーディングの時点でもうすでに解消していることを意味します。表が上になったら、その罠や問題点が未解決のままだという意味です。その時には、ヒーリング、ギフト、恩恵のカードを合わせた中からカードを選んで、残っている問題点から抜け出す最善の方法を決めることができます。

## サンプルリーディング

タニアはこのリーディングで、何を持って生まれてきたかではなく、現在の状態を見ることにしました。次の順番で主なエネルギーセンターのカードを選びました。①執着、②ヴィジョン、③自由、④喜び、⑤暗いストーリー、⑥先

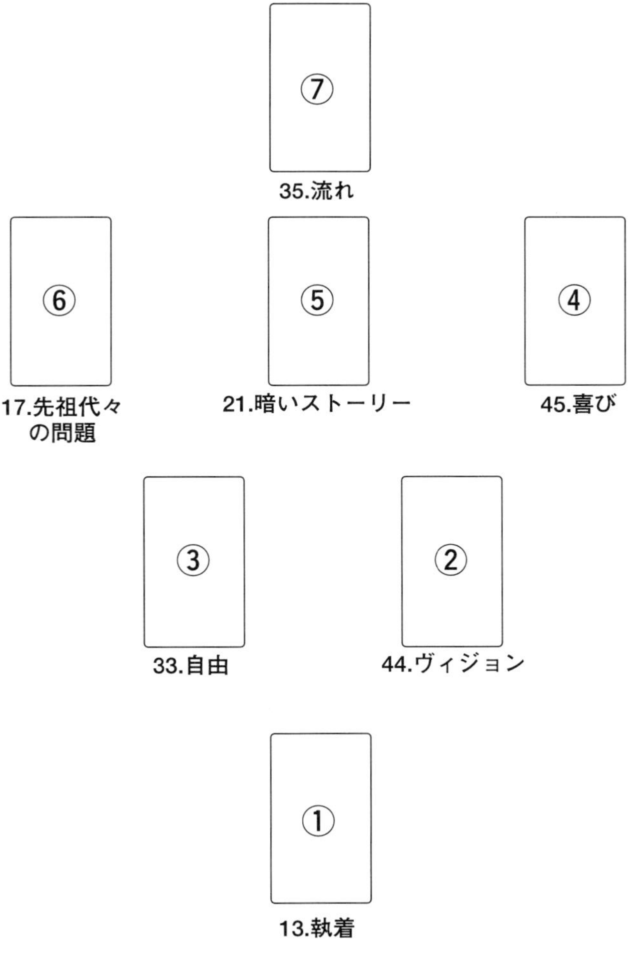
⑦
35.流れ
⑥
17.先祖代々
の問題
⑤
21.暗いストーリー
④
45.喜び
③
33.自由
②
44.ヴィジョン
①
13.執着

祖代々伝わる問題、⑦流れ。

### ◆ルート

タニアの１枚目のカードである『執着』は、彼女が生命エネルギーとセクシャルエネルギーに対して何をしてきたのかを表わしています。

### ◆自己像

自己像のチャクラには、タニアは『ヴィジョン』のカードを選びました。これは光や悟り、神秘的なものとのつながりを表わしています。

### ◆意志

彼女の3枚目のカードは『自由』で、職業やパワー、成功に関係するチャクラを表わしています。これは、仕事に関しては彼女が人生でしたいことをする自由が沢山あるということを意味しています。

### ◆ハート

ハートのチャクラには『喜び』が出ました。これは彼女が人とふれあいを持ち、人を愛していることと関係があります。

### ◆喉

喉のリーダーシップのチャクラでは、彼女は『暗いストーリー』を語り続けてきました。自分が今まで体験してきたのは「悪夢」の物語だと彼女は感じました。タニアは人を助けることによって、その部分をなんとか補おうとしてきました。しかしそれは役割や犠牲としてでしかなく、真実の奉仕ではありませんでした。

### ◆第三の眼

第三の眼のセンターのための彼女の6枚目のカードは、『先祖代々伝わる問題』のカードでした。つまり親よりも何代も前から代々伝わってきた問題という意味です（この場合は母方の問題だと彼女は感じました）。そしてそれが「人生のヴィジョン」を妨害してきたのです。

### ◆クラウン（冠部）

クラウンチャクラのスピリチュアルなレベルで、タニアは『流れ』を感じてきました。そのおかげで楽に前進することができたし、大きな障害があるときでもいつも解決法が示されてきたのです。

# 目的のリーディング

このリーディングは個人の人生の目的を探り、そこに気づきやエネルギーを集中するために使うことができます。そのうえ人生の目的に関する洞察力や気づきや理解をさらに深めるために、特定の分野についてや（例えば、ビジネスやお金、人間関係や子供など）、特定の期間についても読むことができます。

次の三つの段階にわけてリーディングを行ないます。

Ⅰ　４枚のカードを選びます。カード①は、人生の中心的な目的やあなたの生き方であり、世界に何を与えるために生まれてきたのかを表わします。罠や問題点のカードは、人生の目的や生き方の障害となっているものを表わします。そしてまた、世界のために自分の何を癒す目的があるのかをも表わしています。カード②、③、④は、中心的な目的の主な側面を表わします。

Ⅱ　あと３枚カードを選びます。カード⑤、⑥、⑦。このカードは、あなたの目的に関して現在、今ここで何が起きているのかを示しています。

Ⅲ　最後のカードを選びます。カード⑧はリーディングの最初の二つの段階の結果を示しています。人生の中心的な目的は何か、その主な特徴は何か、そして今何が起きているのかをも考慮します。カード①が始まりだとすれば、カード⑧はその最終地点を示します。このカードはあなたの目的を果たす方法と、（もし問題のカードが出たならば）何を癒せばよいのか、また世界に与えるために何を生まれながらに持っているのかを示すのです。

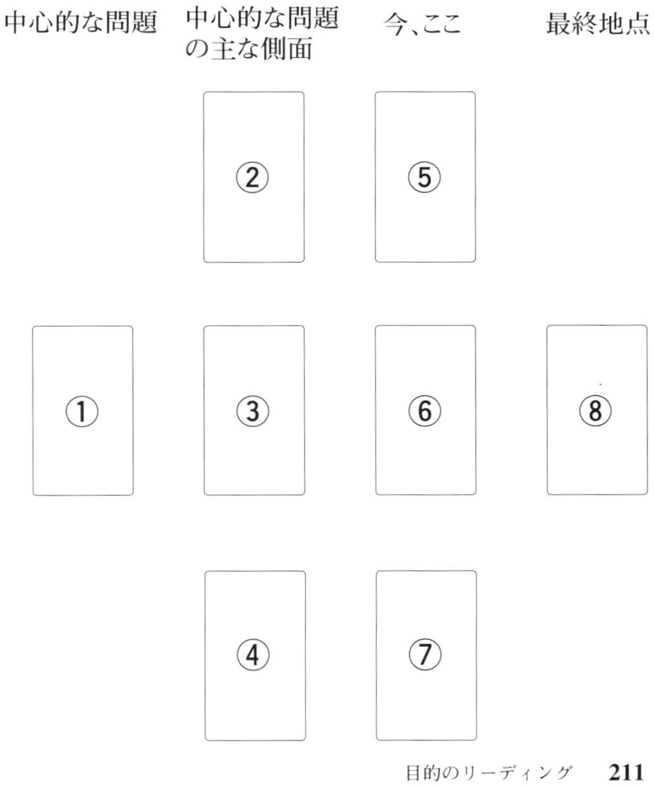

## サンプルリーディング

マイケルは人生の目的についてリーディングをすることにしました。

彼が最初に選んだカードは、①『神聖』さ、②『平和』③『成功』④『復讐』です。『神聖』さのカードによって、マイケルのこの世に存在する目的が自分の完全性と神聖さに気づくことだとわかります。そして神聖さを贈り物として地球に与えるために彼は生まれたのです。このカードはマイケルの本来の姿、そして彼がどんな人間になるべく生まれてきたのかを表わします。彼の人生の目的は、人を救い、覚醒させ、人に道を示すことなのです。

人生の中心的な目的の第一の側面は『平和』でした。ここで言う平和は、そこからすべての豊かさや、幸福や健康や喜びが湧き上がってくるような平和です。マイケルの目的の第二の面は『成功』です。それは仕事や人間関係、家族など人生のあらゆる分野における成功です。カード④の『復讐』は、彼の神への復讐心や、実家の家族や今までつきあってきた人々への復讐を表わしている可能性が高いのです。そして彼が家族関係や男女関係であまり成功していない原因のひとつとして、復讐心があげられるでしょう。

マイケルが次に引いた三枚のカードは、⑤『ハートブレイク』⑥『神の子』⑦『許し』でした。これらのカードは、彼の人生で今起きていることを写し出しています。『ハートブレイク』のカードは、彼がまだ受け入れていないことが何かあるのを暗示しています。つまり彼を『復讐』のカードに追い込む原因となった傷が、いまだに存在しているという意味です。『神の子』のカードは、彼が神との結び

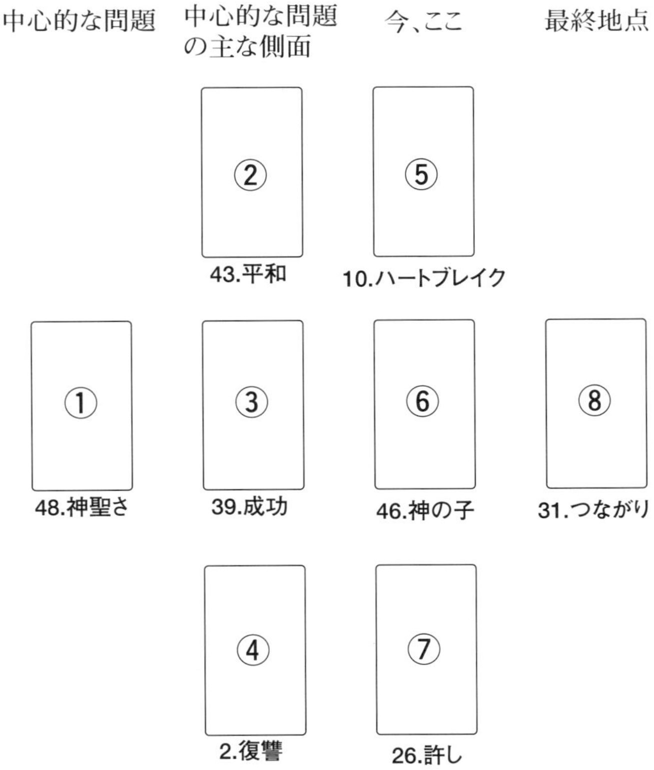

つきに気づいていて、自分はすべての良いものを受け取る価値があると認めていることを表わしています。また『許し』のカードがもたらす恩恵とヒーリングのギフトも、現在の彼に影響を与えています。『復讐』のカードは、家族や人間関係や神との関わりとも関連していますが『許し』は『復讐』を癒すことができるのです。

最終的に選ばれたカードは『つながり』でした。このリーディングの最初の二つの段階の結果です。つまり彼の人生の目的とその主な側面、そして彼の人生で今起きていることとの関連性を『つながり』が表わしているのです。最後のこのカードは、（もし罠のカードだった場合には）その人が世界のために何を癒すべく生まれてきたのかを表わします。またはその人が世界への贈り物として、何を与えるために生まれてきたのかを表わします。だから人とそして天とつながることが問題から簡単に抜け出る方法なのです。特に神聖さが人生の中心となる目的だと、マイケルが思い出すことをできたならばそうなのです。

# タロット並べ

タロットリーディングは、できる限り最も重要な意味をもつ質問をするためのものです。それはあなたにとっての人生の次のステップや、人間関係、キャリア、ビジネスでのベンチャーなどに関するものになるでしょう。この並べ方は全てのカードから選びましょう。ここでは他の並べ方でふれたことが、いくつもの違った側面から明らかになってきます。他のリーディングの時と同様に、罠のカードや行き詰まる可能性があることのカードが出たら、そのカードの具体的な解決法として、ポジティブなカードの組み合わせ（ヒーリング、ギフト、恩恵）からもう一度選ぶことができます。

選んだカードは次ページのように並べます。

カードの表わす意味は次の通りです。

①あなた、②今あなたを通過していること、③過去、④あなたの意識の中にあること、⑤潜在意識から上がってきつつあること、⑥これから何が起り、表われるのか、⑦この状況でのあなたの最大の怖れ、⑧友人や家族はこの件をどのように見ているか、⑨希望と願望（この状況で何が起きることをあなたが望んでいるのか）、⑩最終的な結果。

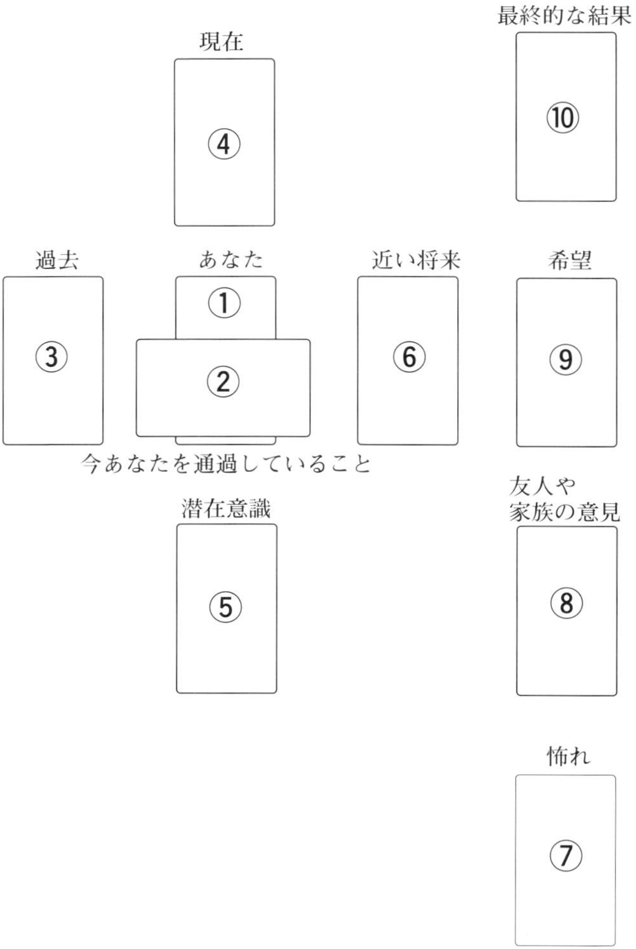
最終的な結果
現在
⑩
④
過去
あなた
近い将来
希望
①
③
②
⑥
⑨
今あなたを通過していること
友人や
家族の意見
潜在意識
⑤
⑧
怖れ
⑦

## サンプルリーディング

このリーディングでセレナが質問したのは、「関連するすべての分野において、私の人生の次のステップとは何か？」でした。その質問の答として彼女の引いたカードは、次のページを参照してください。

### ◆過去と現在

最初のカードである『神の子』は、セレナの本来の姿を示しています。そして彼女は、この状況下で自分が神の子として、人生の次の一歩を踏み出そうとしているという見方をしています。そして今現在（リーディングの時点で）の彼女を『平和』が通り過ぎようとしつつあるのです。一方過去には裁き（カード③）があります。そして彼女の心の中には『無価値感』があります。ということは、セレナは真実を反映している状態（『神の子』であり『平和』が通過しつつある）にいながらも、自分の『無価値感』について考えていたのです。

彼女の潜在意識から『個人の神話』が浮かび上がろうとしています。自分の個人的な神話を見つけるためには、次の質問をすればよいのです。「もしあなたが伝説やおとぎ話の人物や、歴史上の人物だとしたら、あなたは誰でしょう？」ところがセレナは自分がそのどれにも当てはまらないと感じました。

無意識の組のカードが、この並べ方では潜在意識を表わす位置にあります。そうなるとこのリーディングで出てきたことは無意識からのものです。彼女の人生のシナリオになっていた神話や物語は、彼女の直観では断絶と分離、孤立のストーリーです。それに加えてどこにも帰属感が感じられず、自分がその場から浮いているとか、自分だけ場違いだと感じます。彼女は自分が半分人間で半分動物（とかげ）のイメージを抱いていました。それは新しいアーキタイプ（原形）であり、新たな心のイメージです。彼女は意識が分裂した感じや、二つの世界の狭間にいる感じを経験してきました。そして自分の中に、ほとんどの時間は日常的な世界に住んでいない部分があるという感覚がありました。

### ◆未来に向かう

これから現われようとしているのが『神聖』さです。つまりセレナがどこに注意を向けるかによって『無価値感』や『個人の神話』はだんだん薄れていき、取るにたらないものになっていきます。『神聖さ』は恩恵のカードなので、自分から勝ち取ろうとしなくても与えられるという意味があります。セレナは自分の『恵まれた才能』を怖れていたのです。彼女はそんなにも資質に溢れ、多くの機会に恵まれて、それほどまでに優れたリーダーになることを怖れてきました。

彼女の家族や友人はまったく問題がないことが、次のカードでわかりました。彼等はただ彼女が『愛』で輝いているとしか見ていません。だから想像上の罠や問題点が、彼

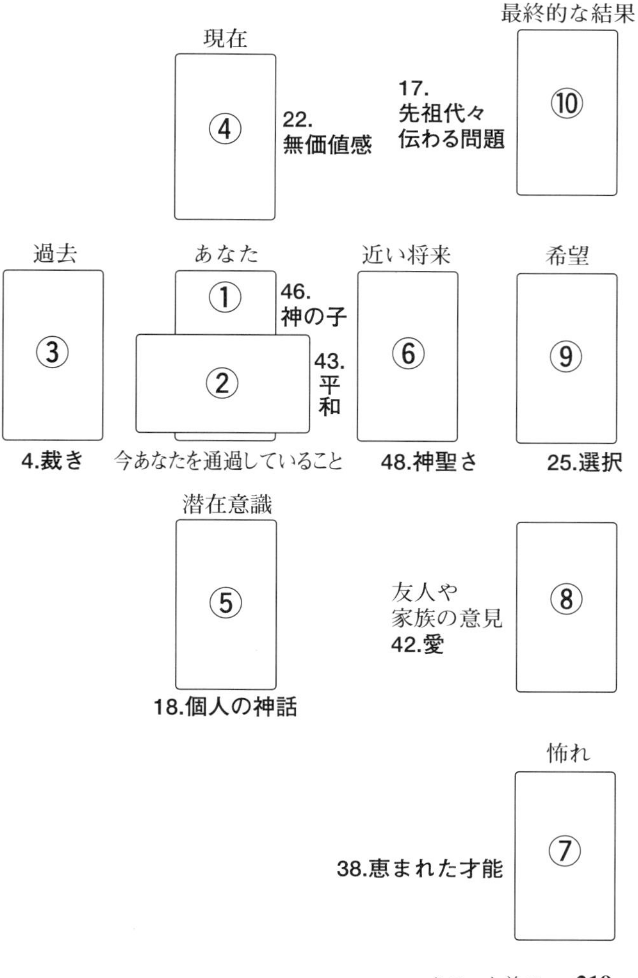
現在
④
22.
無価値感
最終的な結果
⑩
17.
先祖代々
伝わる問題
過去
③
4.裁き
あなた
①
46.
神の子
②
43.
平和
今あなたを通過していること
近い将来
⑥
48.神聖さ
希望
⑨
25.選択
潜在意識
⑤
18.個人の神話
友人や
家族の意見
42.愛
⑧
怖れ
⑦
38.恵まれた才能

女にだけは現実のように見えていたのです。このリーディングは、中央の一列に４枚のカードが恩恵という大変強力なものです。彼女は自分の上にあるもの『無価値感』と下にあるもの『個人の神話』を使って、本当はとても良い状態なのに楽しまないように妨害していたのです。

彼女の目標は次の『選択』のカードによって表わされています。これはつまり彼女が簡単に選択するだけで、望み通りの現実になるということです。最終的な結果として、セレナは『先祖代々伝わる問題』に直面させられています。家族に代々伝わってきた問題に正面から向かい、そのパターンを癒すことができるように、このカードに至るまでのすべては彼女を準備するためのものだったのです。

セレナは『先祖代々伝わる問題』の最善の解決策を見つけ出すために、ポジティブなカードの組み合わせからカードを1枚引きました。

彼女が選んだのは『信頼』でした。これは信頼するだけで、この問題が展開していき癒されていくという意味です。

# 家族並べ

家族リーディングは、現在のあなたの家族および、あなたが生まれ育った家族でできます。このリーディングはあなたの家族の目的を見つけ出す助けになり、何かの問題点が明らかになったなら、そこからの脱出方法も明らかになります。

Ⅰ　現在の家族のリーディングをするなら、全カードから最低５枚のカードを選びます。

①家族のカード、②家族の目的、③自分、④パートナー／配偶者、その他の家族ひとりにつき1枚ずつカードを選びます。⑤最終的な結果。

Ⅱ　生まれ育った家族のリーディングをする場合は、最低6枚のカードを選びます。そして兄弟やその他の重要な家族の一員につき1枚ずつカードを引きます。そこで多分このようなカードになるでしょう。

①家族のカード、②家族の目的、③父、④母、⑤自分、⑥、⑦、⑧、⑨はその他の家族の一員、⑩最終的な結果。

生まれ育った家族のリーディングは過去のことなので、「罠」のカードを選んだ時は、一度に一枚ずつ指ではじいてみます。もし表が下になって落ちたなら、その問題点はもうすでに癒されています。このリーディングで未解決の罠（表が上になったカード）が出たり、現在の家族のリーディングでの罠のカードが出るごとに、ポジティブなカードの組み合わせ（ヒーリング、ギフト、恩恵の組）からカードを1枚ずつ引いて解決法を見つけましょう。

## サンプルリーディング

ブルースは生まれ育った家族のリーディングをすることを選び、次のようなカードを選びました。

①家族のカード＝『コミュニケーション』②家族の目的＝『清らかさ』③父＝『先祖代々伝わる問題』④母＝『復讐』⑤自分＝『ハートブレイク』⑥兄＝『個人の神話』⑦弟＝『シャドー』⑧妹＝『期待』⑨最終的な結果＝『死の誘惑』。

『コミュニケーション』が家族自体のシンボルであり、家族としての本来の姿を表現しています。もしここでネガティブなカードが出たなら、それを癒すために家族が生まれてきたのです。ブルースの場合は、『清らかさ』という恩恵をこの世のもたらすことが目的なのです。この家族の場合は、他のカードで解決する必要のあることが色々あるので、特にコミュニケーションが大切に見えます。

ブルースの父親は『先祖代々伝わる問題』のカードです

（それはこの問題が何世代にもわたって伝わってきたということです）。彼の母親の『復讐』のカードは、彼女が何かの喪失感に苦しみ、その復讐を望んだという意味です。

ブルースの子供時代がどんな様子だったのかを表わすカードが『ハートブレイク』あるいは傷です。彼の兄は『個人の神話』にはまっていました。ある物語が彼を支配していたのです（ブルースの直観では、このストーリーで彼は「救世主」を演じていました）。

弟には『シャドー』のカードが出ています。これは無意識のレベルのエネルギーや、魂のレベルでの観念が表現されたものです。それは兄の時と同じです。この場合は、弟が自分自身についてのとても暗い観念を持っているのです。ブルースは、それが「家族の破壊者」という観念だと感じています。彼の妹には『期待』のカードが出ています。そして期待感は完璧主義につながるのです。

以上のこの家族に関するすべてをまとめてみると、最終的な結果として『死への誘惑』になります（ブルースの家族はそんな中でも成功して、全員が今も健在であると思っています）。彼はそれぞれの罠のカードを、カード③からカード⑥まで、１枚ずつ指ではじいてみました。どれも表を下にして落ちました。つまりブルースやその家族がもっていたすべてのことは、すでに癒されたという意味です。

生まれ育った家族の新しい結果を反映するために、ブルースがポジティブなカードの組み合わせから１枚選んだら、『流れ』が出ました。

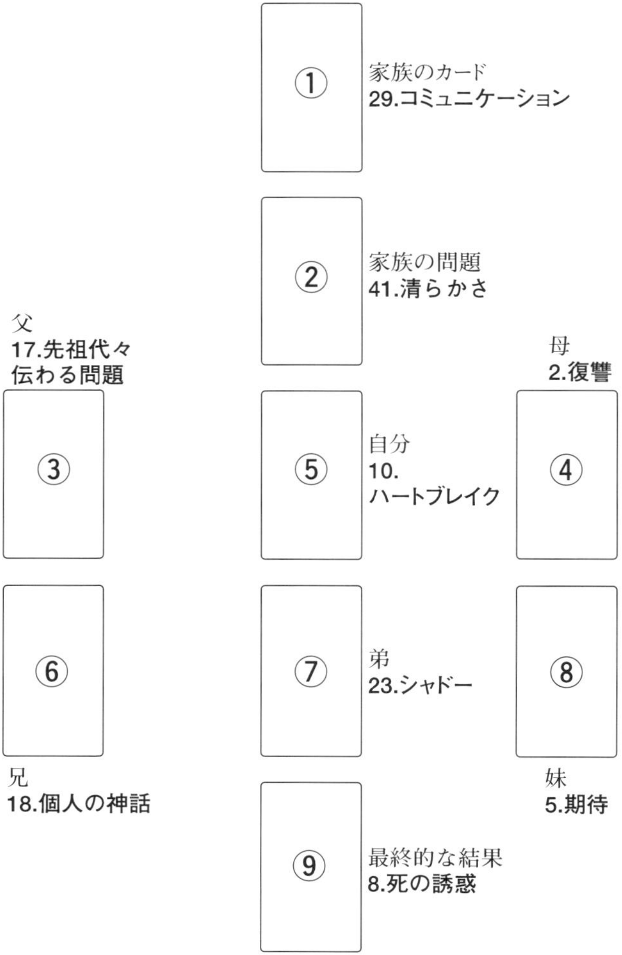
①
家族のカード
29.コミュニケーション
②
家族の問題
41.清らかさ
父
17.先祖代々
伝わる問題
③
⑤
自分
10.
ハートブレイク
母
2.復讐
④
⑥
兄
18.個人の神話
⑦
弟
23.シャドー
⑧
妹
5.期待
⑨
最終的な結果
8.死の誘惑

# 魂のリーディング

魂のリーディングは、成長の段階ごとにその人が解決していくべき癒しのチャレンジと、そこでもたらされるヒーリングのギフトを表わしています。魂のリーディングを、第一段階（喪失と怖れ）から「マスタリー」の段階までの成長と発展の過程として見ることもできるし、現在の状態を表わすものとして読みとることもできます。魂のリーディングは、各段階でまだ作用しているダイナミックス（原動力）を示します。そしてここに表わされた具体的な分野で、まだ癒しが必要な側面を反映しています。それらを解決するとより大きな自由や成功が訪れるだけでなく、愛や豊かさ、幸福、健康など、人生で価値のあるもののすべてがやってきます。

全てのカードから9枚のカード、次の各段階（またはレベル）に1枚ずつを選びます。

| 問題／障害 | 癒しの原則 |
|---|---|
| ①喪失、怖れ、欲求、見捨てられること | ①理解 |
| ②傷心、交戦状態、嫉妬、復讐、傷、拒絶 | ②受容 |
| ③罪悪感、犠牲、無価値感 | ③許し |
| ④期待、執着、比較、空想、完璧主義 | ④選択、手放す、目標設定 |

| | |
|---|---|
| ⑤コントロール、主導権争い | ⑤信頼、統合、コミュニケーション |
| ⑥デッドゾーン、死んだように活気のない気持ち、燃え尽きて疲れきる、疲れ、失敗、役割／規則／義務、エディプスコンプレックス、競争、次の一歩を踏み出す怖れ | ⑥コミットメント、真実、自由、楽、パートナーシップ |
| ⑦リーダーシップの障害＝人格（ペルソナ）、自意識、当惑、恥、屈辱、無念 | ⑦リーダーシップ、敏感な反応力、恵まれた才能 |
| ⑧ヴィジョンのレベルの障害＝暗いストーリー、過去世、先祖代々伝わる問題、個人の神話、シャーマニックテスト | ⑧ヴィジョン、創造性、パワー、目的、誕生、マジック |
| ⑨マスタリーのレベルの障害＝無価値感、サバイバル、シャドー、中心意識 | ⑨マスタリー、無邪気さ、中心意識、マスタリーのレベルの領域、覚醒 |

９枚のカードを次のページのように並べます。もし希望するならば、あなたが自分自身をどのように見ているのかを表わす10枚目のカードを選ぶことができます。

## サンプルリーディング

ノエルはリーディングのために以下のカードを選びました。

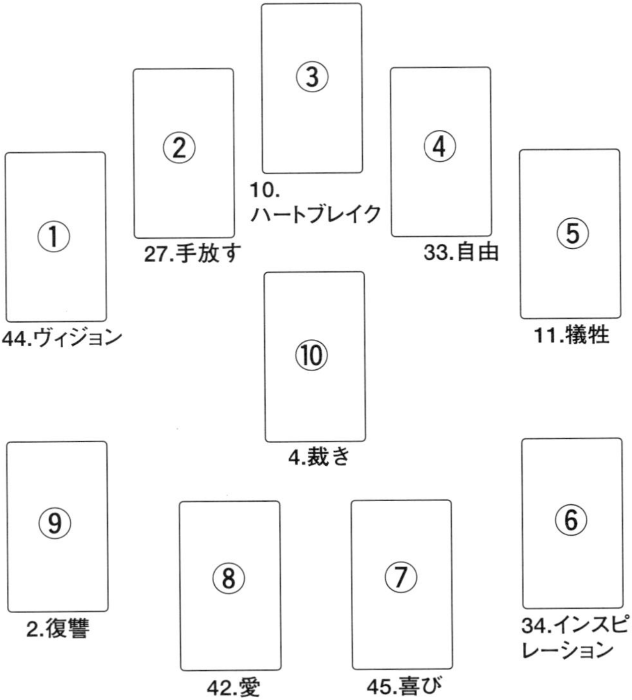

①と②はノエルの魂の第一の目的は、まったく新しい『ヴィジョン』の感覚や、苦しみを和らげる光や理解をもたらすことです。彼がこの世に生まれてからの次の学びは、子供の頃の心の傷や胸が張り裂けるような思いを『手放す』ことです。

③は彼は次の成長段階で、幼少期の『ハートブレイク』による罪悪感やいやな気持を解き放つことが必要です。彼が人生で癒そうとしている最初の大きなことがこれです。そして、彼自身が自分をどのように見ているかを示す10枚目の『裁き』のカードもこのことと関連しています。

④、次に『自由』が大変重要な学びとなります。期待の位置にこのカードが選ばれたということは、彼が期待から自由になり、簡単に期待を抜けられるギフト（才能）を持っていることを示します。

⑤と⑥はコントロールの段階のもうひとつの大事な側面は『犠牲』と癒しが中心になります。ノエルはハートブレイクに陥らないための手段として、犠牲を使って自分自身や人を管理（コントロール）してきました。

デッドゾーン（死んだように無感覚な活気のなさをよく感じる領域）というもっとも困難な段階から抜け出すために、彼は『インスピレーション』のギフト（才能）を持っています。そして真実によって楽にこの場所から解放されるのです。

⑦と⑧はリーダーシップは彼に恩恵のカードで『喜び』をもたらします。喜びによって、人格（ペルソナ）による

自意識過剰や自己いじめから自由になれます。彼の人生は、実際は喜びの人生なのです。そして人に「喜びに満ちていてもよい」と教える人生なのです。彼はヴィジョンの段階で、恩恵のカードの『愛』を引きました。つまり愛がヴィジョンや目的をもたらしてくれるのみならず、愛によってヴィジョンや目的が実現するのです。

⑨はマスタリーの段階で、彼にとっては中核的なシャドーである『復讐』を癒すというチャレンジがあります。

⑩は彼が自分自身をどのように見ているかを表わす追加のカードは『裁き』でした。これは彼が現在、裁きを乗り越えることを学んでいるのを示します。特に彼自身の罪悪感を隠すために誰かを責めたり、自分を責めている（この場合は多分こちらの方でしょう）のをやめることなのです。

【著者】

## チャック・スペザーノ博士

心理学者、セラピスト、セミナー主催者、著作者として世界的に活躍中。長年にわたるカウンセラーとしてのキャリアと心理学の研究を生かして、治療学的に見ても癒しの効果が高いと評価されている「ヴィジョン心理学」を確立した。主な著書に『傷つくならば、それは愛ではない』（弊社刊）がある。

【訳者】

## 大空夢湧子

東京都に生まれる。サンフランシスコ大学留学を経て、上智大学文学部英文学科を卒業。外資系銀行勤務ののち、フリーランスの通訳および翻訳者として活動。1991年にアメリカにてヴィジョン心理学トレーナーズ・トレーニングを修了。トレーナーとしても活躍中。有限会社オフィス夢湧代表。

**セルフ・セラピー・カード**

2000年２月１日　第１版第１刷発行
2025年７月12日　第28刷発行

著　者　チャック・スペザーノ
訳　者　大空夢湧子
編集者　坂井　泉
装　幀　芦澤泰偉
発行者　大森浩司
発行所　株式会社ヴォイス　出版事業部
〒106-0031 東京都港区西麻布3-24-17 広瀬ビル２F
☎03-5474-5777（代表）
FAX03-5411-1939
www.voice-inc.co.jp

印刷・製本　株式会社 光邦


ISBN978-4-900550-83-4　Printed in Japan

# 既刊案内

## あなたの生き方を変える、一冊の本。

### 継承弐「龍神界」召喚　龍神カード

本体 3,400 円
ISBN 978-4-89976-537-0
七海 虹：著
秋田 ＣＨＡＬ：イラスト

龍神ブームの先駆けとなったオラクルカードのリニューアル版。４９の龍が語りかけるメッセージ。

### 太陽と月の魔女カード with グリフィン＆ペガサス

本体 3,600 円
ISBN 978-4-89976-524-0
太陽と月の魔女（マリィ・プリマヴェラ＆小泉 茉莉花）：著
藤井 由美子：イラスト

太陽と月の叡智が宿された、月相ベースの時期判断もできる希少なカード＋解説書セット。

### 鎮宅霊符カード

本体 2,500 円
ISBN 978-4-89976-423-6
暁 玲華：著

著者書き起こしの７２枚の霊符が厄災を絶ち、運気を上げる。北極星の力とつながるタオ由来の護法。

### ギャラクティック・ルーツ・カード・サードエディション

本体 5,000 円
ISBN 978-4-89976-513-4
シンクロニシティジャパン：発行
リサ・ロイヤル・ホルト：著
鏡見 沙椰：訳

あなたも銀河にルーツを持っている！　引けば引くほど、真のあなたが見えてくるカード。

### スピリット・ゲーム

本体 2,800 円
ISBN 978-4-89976-350-5
ダレル・ホルツァー：著
鏡見 沙椰：訳

付属のキューブを使ってスピリットガイドとつながり、自分を発見。人生がその瞬間からもっと楽しくなる。

### こころのこぶた
#### ～銀色夏生の毎日を生きやすくする言葉カード

本体 3,000 円
ISBN 978-4-89976-278-2
銀色 夏生：文・イラスト

人気エッセイスト・詩人の銀色夏生さんが絵と文を手掛けたカード本。悩みごとの解決に。

※表示価格は税抜です。別途消費税がかかります。

---

お求めは、お近くの書店、またはブックサービス（0120-29-9625）へ